Peter Wolf (Hrsg.)

*Erneuerte Kirche
in der Sicht Josef Kentenichs*

Ausgewählte Texte

Patris Verlag · Vallendar-Schönstatt

Bibliografische Information Der Deutschen Bibliothek
Die Deutsche Bibliothek verzeichnet diese Publikation in der
Deutschen Nationalbibliografie; detaillierte bibliografische Daten
sind im Internet über **http://dnb.ddb.de** abrufbar.

Alle Rechte vorbehalten. Printed in Germany.
© 2004 by Patris Verlag GmbH, Vallendar-Schönstatt
Umschlaggestaltung: Catalina Kirschner, Philadelphia
Druck: Siebengebirgs-Druck GmbH, Bad Honnef
ISBN 3-87620-270-1

Dem Erzbischof von Freiburg
Dr. Robert Zollitsch

Inhalt

Vorwort	7
Einleitung	11
Beseelt traditionsgebunden – gelöst von erstarrten Formen	19
Brüderlich geeint – hierarchisch gelenkt	35
Seele heutiger und kommender Kultur und Welt	49
Marianische Kirche und Mutter der Kirche	61
Durch und durch vom Heiligen Geist regiert	75
Eine arme Kirche	89
Eine demütige Kirche	99
Quellennachweis	109

Vorwort

In der Schlussphase des II. Vatikanischen Konzils haben die Leitungen der Gemeinschaften Schönstatts ihrem Gründer, P. Josef Kentenich, am 16. November 1965 in Rom zu seinem 80. Geburtstag den Bau eines internationalen Schönstattheiligtums und -zentrums in der Ewigen Stadt versprochen. Es soll, so Weihbischof Heinrich Tenhumberg „Symbol der Freiheit für das Werk und seinen Gründer" sein, „wie ein Dokument für das nun ewige Ineinander und Miteinander von Kirche und Schönstatt", zugleich Symbol der Einheit der Schönstattfamilie und Symbol für die aktuelle Sendung Schönstatts für die Kirche. Pater Kentenich selbst deutete die symbolische Grundsteinlegung des Heiligtums am 8. Dezember 1965 als Einschaltung in den zeitgleich stattfindenden feierlichen Schlussakt des II. Vatikanischen Konzils und fügte hinzu: „Wir wollen nun nach Rom und in Rom mithelfen, das Bild der Kirche, also die nachkonziliare Sendung der Kirche auch von hier aus mit zu vollziehen."

Es dauerte bis zum 20. September 2002, bis sich durch die Baugenehmigung der Comune di Roma endlich die Türen für die Realisierung dieses Projektes auftaten. Seitdem ist in aller Welt quer durch die Gemeinschaften und Gliederungen der Bewegung vielfältiges Interesse und Engagement auf das Matri-Ecclesiae-Heiligtum hin wach geworden. Bereits die Grundsteinlegung am 8. Dezember 2003 war ein Vorgeschmack des gemeinsamen Aufbruchs der internationalen Familie.

Das Josef-Kentenich-Institut hat im selben Jahr zwei Tagungen im Blick auf die Geschichte, Theologie und zukünftige Konzeption dieses Heiligtums und des internationalen Zentrums veranstaltet. Die Zeitschrift „Regnum" hat diesem Themenkomplex ihr Heft 4/2003 gewidmet. Die Sektion Mittelrhein des Josef-Kentenich-Instituts hat nun im vorliegenden Band Texte P. Josef Kentenichs zusammengestellt, die seine Sicht einer erneuerten Kirche zum Ausdruck bringen. Mein besonderer Dank gilt Msgr. Dr. Peter Wolf, der trotz seiner vielfältigen Aufgaben als Generalrektor des Schönstatt-Instituts Diözesanpriester – nicht zuletzt aufgrund der zusätzlichen Belastung durch das jetzt begonnene Bauvorhaben in Rom – als Herausgeber den größten Teil der Arbeit für dieses Buch geleistet hat. Ich danke den weiteren Mitgliedern der Sektion des JKI, Dr. Gertrud Pollak, Uta und Dr. Joachim Söder, Dr. Bernd Biberger und Oskar Bühler für ihre Mitarbeit bei der Auswahl, Bearbeitung und Zusammenstellung der Texte, Catalina Kirschner für die Gestaltung des Einbands, Michael Savage für die kreative Weiterentwicklung des Rom-Signets, sowie dem Patris-Verlag mit seinen Mitarbeiterinnen und Mitarbeitern für die Veröffentlichung.

Wir widmen dieses Buch dem im Jahr 2003 ernannten Erzbischof von Freiburg im Breisgau, Dr. Robert Zollitsch, der zu den Gründungsmitgliedern des Josef-Kentenich-Instituts gehört. Seit über drei Jahrzehnten hat sich Robert Zollitsch als stellvertretender Generalrektor und Mitglied der Romkommission des Schönstatt-Instituts Diözesanpriester unermüdlich für die Verwirklichung des Romheiligtums und -zentrums eingesetzt.

Koblenz-Metternich,
am Fest der Darstellung des Herrn 2004

Michael Schapfel

Einleitung

Es geschah am 8. Dezember 1965

Hunderttausende haben sich auf dem Petersplatz versammelt. Man feiert den Abschluss des Zweiten Vatikanischen Konzils. Die überraschende und geradezu wagemutige Ankündigung des Papstes Johannes XXIII. im Jahr 1958 hatte zum wohl globalsten Ereignis in der Geschichte der Kirche geführt. Über Jahre hinweg waren das gesellschaftliche und nicht nur kirchliche Interesse auf Rom gerichtet. Wir können uns vielleicht gar nicht mehr recht vorstellen, welch große Erwartungen und Hoffnungen diese weltweite Versammlung der Kirche Anfang der sechziger Jahre auf sich gezogen hat.

In der katholischen Kirche herrschte eine ungekannte Aufbruchsstimmung, die ihr viele nicht mehr zugetraut hatten. In und außerhalb der Kirche verfolgte man das Geschehen in Rom. Auch viele evangelische Christen beobachteten mit Anteilnahme und wachem Interesse, was hier in Bewegung kam. Zu einem pastoralen Konzil hatte Papst Johannes XXIII. eingeladen. Er wollte die Fenster öffnen und in einem mutigen „Aggiornamento" die Kirche zukunftsfähig machen für eine Welt, die nach zwei Weltkriegen sich in einer unaufhaltsamen wirtschaftlichen und gesellschaftlichen Entwicklung und in Umbrüchen befand. Inmitten dieser Beschleunigung der Zeit war es höchst notwendig geworden, dass die Kirche ihr Selbstverständnis neu bestimmte und sich auf ihre Beziehung zur Welt besann. In den zentralen Konstitutionen Lumen Gentium und Gaudium et Spes stellten die Konzilsväter sich dieser Herausforderung einer veränderten Welt und begannen, sich auf einen Dialog einzulassen und Antworten zu versuchen.

Es war ein Konzil, auf dem gerungen wurde um den Weg in die Zukunft. Verfestigtes traditionelles und vorwärtsdrängendes Denken stießen mit elementarer Wucht aufeinander. Trotzdem wurde es ein Konzil überwältigender Mehrheiten, wie man bei der Durchsicht der Abstimmungsergebnisse feststellen kann. Der Weg in die Zukunft war mehrheitsfähig, und dies weckte große Hoffnungen bei vielen Menschen. Die kirchliche Landschaft war im Aufbruch und noch nicht bestimmt von sich gegenseitig lähmenden Parteiungen von links und rechts, wie es sich in den Jahren nach dem Konzil bis heute immer wieder belastend einstellt und Leben hemmt.

Kentenich in Rom

Wenige Wochen vor Abschluss des Konzils war Pater Josef Kentenich überraschend in Rom eingetroffen. Ein bis heute in seinem Ursprung nicht endgültig aufgeklärtes Telegramm hatte ihn am 13. September 1965 in den USA aufgefordert, nach Rom zu kommen. Am 17. September flog er Richtung Europa mit Kurs auf Rom. Seit 14 Jahren war er im Exil in Milwaukee/USA gewesen, weitab von seiner Gründung in Schönstatt. Unverständnis über die Neuartigkeit seiner Gründung und Spannungen um seine Person hatten ihm dieses Schicksal eingebracht. Die höchste kirchliche Autorität hatte ihn weggeschickt wie andere Persönlichkeiten auch, etwa Teilhard de Chardin oder Yves Congar, deren Gedanken und Ideen gewagt oder eben nur ungewohnt erschienen. „Nur im Sarg" würde er jemals wieder nach Europa zurückkehren, hatte man ihm vor der Abreise nach Übersee bedeutet.

Vierzehn lange Jahre Verbannungszeit waren daraus geworden. Es wurden Jahre der Reflexion und der Vergewisserung dessen, was um ihn und das Heiligtum in Schönstatt in einem erstaunlichen Aufbruch gewachsen war. Er ließ sich nicht verbittern und nutzte die Zeit für vielfältige pastorale Arbeit und Reflexion. Die letzten Jahre hatte er mit großem Interesse das Geschehen des Konzils verfolgt. Dabei war er immer mehr zu der Überzeugung gekommen, dass das, was das Konzil will, in seiner Gründung seit Jahrzehnten angelegt und erarbeitet war. Er wurde sich gewiss, dass der Geist Gottes längst am Werk war und die von ihm gegründete und inzwischen weltweite Bewegung eine zutiefst konziliare Sendung in sich trägt.

Es drängte sich ihm der Gedanke auf, dass Schönstatt eine ähnliche Sendung für das Zweite Vatikanische Konzil habe wie die Jesuiten für das Konzil von Trient. Sie hatten entscheidend dazu beigetragen, dass die Beschlüsse von Trient ins Leben umgesetzt wurden. Mit der Diskussion und der Ausarbeitung der Beschlüsse eines Konzils sind die Ziele und Anliegen einer solchen Weltversammlung eben noch nicht verwirklicht. Es braucht einzelne Persönlichkeiten und ganze Gemeinschaften, um den Prozess eines Konzils zu seinem Ziel und seine Ideen zur Verwirklichung zu bringen.

Kardinal Bea, dem Josef Kentenich in den letzten Wochen des Konzils in Rom begegnete und der sich für die Beendigung seines Exils und für sein Bleiben in Rom einsetzte, sagte ihm: „Ohne das Konzil wären Sie nie verstanden worden". In der letzten Phase des Konzils kommt es zur Rehabilitation. Am 20. Oktober 1965 hebt die Vollversammlung der Kardinäle des Heiligen Offiziums alle früheren Beschlüsse gegen Josef Kentenich auf. Zwei Tage danach bestätigt Paul VI. den Beschluss der Kardinäle des Offiziums.

Zeichen für die Zukunft

Den großen Tag des feierlichen Abschlusses des Konzils am 8. Dezember 1965 nutzt Pater Kentenich zusammen mit den Verantwortlichen seiner weltweiten Gründung dazu, ein Zeichen für die Zukunft zu setzen. Es wird der Tag der symbolischen Grundsteinlegung für ein Schönstattheiligtum und -zentrum in Rom. Am 16. November hatte ihm das Generalpräsidium des Internationalen Schönstattwerkes zu seinem 80. Geburtstag ein großes Geschenk gemacht. Die Spitzen der im Präsidium vertretenen Gemeinschaften hatten dem Gründer versprochen, in Rom ein Schönstattheiligtum und -zentrum zu errichten. Das Romheiligtum sollte ein Symbol sein für die wiedererlangte Freiheit des Gründers, die Einheit des Werkes und die Sendung für die Kirche, wie Weihbischof Heinrich Tenhumberg bei der Feier des Geburtstages ausführt.

Schon viele Jahre zuvor hatte unser Gründer nach Rom gedrängt. Bereits 1947 machte er sich auf die Suche nach einer Möglichkeit, in der Nähe von Castel Gandolfo eine MTA-Kapelle zu errichten. Im Kontext der Seligsprechung von Vinzenz Pallotti im Jahre 1950 ist wiederum von Überlegungen und Bemühungen des Gründers die Rede, in Rom selbst auf dem Monte Cucco oder im Garten des Generalates der Pallottiner ein Schönstatt-Heiligtum zu bauen. Bei einem Kurs der Marienschwestern entsteht in diesen Jahren die Idee und die Sehnsucht, in den Vatikanischen Gärten ein Heiligtum zu errichten. Immer geht es darum, den Lebensaufbruch und die Sendung Schönstatts nach Rom zu tragen und der Kirche anzubieten.

Zum feierlichen Schlussakt des Konzils sind die Vertreter des Generalpräsidiums und Mitbrüder des jungen Priesterverbandes auf dem Petersplatz. Sie haben einen kleinen Bildstock mit dem Bild der Dreimal Wunderbaren Mutter von Schönstatt bei sich. Sie stehen in der großen betenden Menge mit dem Wunsch, dass der Segen des Heiligen Vaters zum Abschluss des Konzils darauf fallen möge. Am gleichen Nachmittag hat der Gründer im Haus der Mainzer Vorsehungsschwestern in der Via Giovanni Eudes zu einem Vortrag eingeladen, in dem er grundlegend zur Bedeutung des künftigen Romheiligtums Stellung nimmt. Der Gründer verstand diesen Vortrag als Ansprache zur „symbolischen Grundsteinlegung" des Romheiligtums. Mehrere Beteiligte äußerten im Nachhinein den Eindruck, dass dieser Vortrag vom 8. Dezember 1965 in seiner Dichte und in der engagierten Weise, wie der Gründer ihn vorgetragen hatte, als eine „Gründungsurkunde" zu werten sei, was er auf Rückfrage deutlich bestätigte.

Gleichschaltung mit dem Konzil

Der Gründer will die kirchengeschichtliche Stunde aufgreifen und seine Gründung einbringen und einschalten in den Schlussakt des Konzils. Dahinter steht die oben angesprochene Überzeugung, dass entscheidende Anliegen des Konzils in der Geschichte der Schönstattbewegung eine tragende Rolle gespielt haben und zur Entfaltung gekommen sind. Er ist überzeugt, dass die Sendung Schönstatts in der Zeit vor dem Konzil mit der Sendung der Kirche nach dem Konzil zutiefst übereinstimmt und zusammengehört. Deshalb ist ihm die Ein- und Gleichschaltung mit dem Konzil ein großes Anliegen.

Matri Ecclesiae

Bei seinem Vortrag am Nachmittag des 8. Dezember knüpft Pater Kentenich an die Segnung des Grundsteines für den Bau einer neuen großen Marienkirche an, die Papst Paul VI. bei der Schlussfeier auf dem Petersplatz am Vormittag vollzogen hat. Der Grundstein trägt die Aufschrift MATRI ECCLESIAE *und nennt die Mutter der Kirche als Patronin der geplanten Marienkirche. Diesen Namen greift der Gründer auf und bestimmt ihn zum Namen für das künftige Romheiligtum. In dieser Formulierung liegt eine doppelte Bedeutung, die sehr bewusst gewählt ist und später immer wieder ausgedeutet wurde.*

„Mater Ecclesiae" ist zunächst der Titel, den Papst Paul VI. zum Abschluss der dritten Sessio des Konzils der Gottesmutter in feierlicher Weise gegeben hat. Zuvor war es zu erheblichen Auseinandersetzungen und Spannungen gekommen um die Frage, ob das Konzil die Aussagen über die Gottesmutter in das Dokument über die Kirche integrieren oder in einem eigenen Dokument behandeln sollte. In der Formulierung MATRI ECCLESIAE *ist in diesem Sinn die Widmung der künftigen Kirche ausgedrückt. Sie soll Maria, der Mutter der Kirche, geweiht sein. Auf eine zweite Weise kann aber diese grammatikalische Form auch in dem Sinn verstanden werden, dass von der „Mutter Kirche" gesprochen ist. Damit ist die Kirche in ihren mütterlichen Zügen gemeint, die bereits von den Kirchenvätern mit den mütterlichen Zügen Marias in Beziehung gesetzt wurden und zusammengesehen werden können.*

Züge des neuen Kirchenbildes

Griffsicher wertet Josef Kentenich die Auseinandersetzung um das Kirchenbild und die Konstitution über die Kirche als das Mittel- und Herzstück des soeben zu Ende gegangenen Konzils. Er ist sehr gewiss, dass die Kirche im Konzil ein neues Bild von sich gewonnen hat und dieses Bild sich durchaus unterscheidet vom früheren Erscheinungsbild und Selbstverständnis der Kirche. Er fasst den Unterschied in das Bild vom Fels, der nicht starr bleibt. Der Fels ist in Bewegung geraten. Der Fels ist zum pilgernden Felsen geworden. Auf einmal gewinnt auch das alte Bild vom Schiff wieder neue Aussagekraft. Die Kirche macht sich auf den Weg und wagt sich hinaus auf die hohe See. Josef Kentenich konstatiert dieses neue Erleben der Kirche. Er begrüßt es, dass die Kirche sich auf den Weg macht und im Konzil ein neues Selbstverständnis und eine neue Grundeinstellung gefunden hat.

In gewinnender Weise arbeitet er dann für seine Zuhörer die Züge der Kirche heraus, wie sie ihm in den Dokumenten des Konzils entgegentreten. Ganz aus dem Geist von Lumen Gentium beginnt er Züge der erneuerten Kirche zu skizzieren.

- *„Das ist eine Kirche, die auf der einen Seite tief innerlich beseelt traditionsgebunden ist, aber auf der anderen Seite ungemein frei, gelöst von erstarrten traditionsgebundenen Formen."*

- *„Das ist eine Kirche, die in überaus tiefgreifender Brüderlichkeit geeint, aber auch gleichzeitig hierarchisch, ja väterlich gelenkt und regiert wird."*

- *„Das ist eine Kirche, die die Sendung hat, die Seele der heutigen und der kommenden Kultur und Welt zu werden."*

- *Mit besonderer Liebe zeichnet er sodann das marianische Antlitz der Kirche. Die neue Kirche wird eine marianische Kirche sein. Maria ist „Muster und Mutter der Kirche".*

- *Später in einem Vortrag über das Kirchenbild nach dem Zweiten Vatikanischen Konzil am 2. Februar 1966 ergänzt er die Charakterisierung der erneuerten Kirche. Es ist ihm wichtig, dass es „eine arme Kirche" wird, „die mehr und mehr Abschied nimmt vom gebräuchlichen Pomp" und eine „Freundin der Armen ist und nicht ständig beim Staate bettelt um Wohlwollen und Wohlgefallen".*

- *Eine Kirche, die sich nicht verlässt auf Reichtum und politische Macht, wird auf eine ganz neue Weise offen sein für das Wirken des Geistes. So zeichnet er „eine Kirche, die durch und durch vom Heiligen Geist regiert wird".*

- *Schließlich beschreibt er das Ideal einer „demütigen Kirche, die sich selber als schuldig bekennt und den Mut hat, um Verzeihung zu bitten".*

Diese Züge der erneuerten Kirche werden im Folgenden jeweils nach einer kurzen Hinführung des Herausgebers mit ausgewählten Texten Josef Kentenichs vorgestellt.

Beseelt traditionsgebunden – gelöst von erstarrten Formen

Die jetzige Kirche erlebt sich
als die pilgernde Kirche,
nicht die in sich fertige,
nicht als die in sich
abgeschlossene Kirche.

Für Josef Kentenich ist die Zeit, die er erlebt und wach aufnimmt, so sehr von Umbrüchen geprägt, dass für ihn auch die Kirche davon nicht ausgenommen sein kann. Früh signalisiert er eine Entmaterialisierung, eine Entpolitisierung, Entterritorialisierung und Enteuropäisierung der Kirche. Den anstehenden Gestaltwandel der Kirche kennzeichnet er holzschnittartig in der Zeit seines Exils (1951-1965) mit der Umstellung von einem Nachwuchschristentum zu einem Wahlchristentum, von einem Rechtschristentum zu einem Liebeschristentum, von einem Rückzug ins Ghetto zu einem Erobererchristentum und von einem Klerikerchristentum zu einem Laienchristentum.

Er engagiert sich für diesen notwendigen Gestaltwandel der Kirche nicht in reformerischem Eifer gegen die Kirche, sondern aus einer tiefen Identifikation und Solidarität mit ihr, die es auch erträgt, eine lange Zeit unverstanden zu bleiben. In einer Zeit des Umbruchs, die ihm aufgetragen war, geht er mit seiner wachsenden geistlichen Familie den geduldigen Weg der Unterscheidung von Geist und Form. Dadurch gewinnt er eine große innere Freiheit und verkämpft sich nicht für überkommene Formen. Jede Zeit soll und darf ihr äußeres Gesicht neu finden und ausprägen aus dem ursprünglichen Geist, den es in Treue zu bewahren und durchzutragen gilt. Darin weiß er sich ganz der Tradition verpflichtet und an sie gebunden. Immer wieder geht es ihm darum, z.B. den Geist der evangelischen Räte zu künden, den Geist der Liturgie zu erschließen. Er sucht eine Erneuerung der Kirche aus den „tieferen Quellen des Leibes Christi".

Sein Ansatz ist der Dienst der „Beseelung". Er sucht das Heil nicht in Strukturdebatten und kämpft nicht zuerst um neue oder alte Formen. Er setzt darauf, dass aus einem beseelten Umgang mit der Tradition und einem engagierten Dienst am geistlichen Leben neue Formen wachsen, die christliches Leben auch in anderem Gewand weitertragen in die Zukunft hinein.

Diese Unterscheidung kann uns auch heute weiterhelfen, wo nicht selten ein übergroßes Bedürfnis nach Sicherheit sich in alten Formen festmachen will, bisweilen weit hinter das Konzil zurück.

Neues Bild von der Kirche

Was ich zur ersten Frage sagen soll: Wie sieht die Kirche aus? Die hat ein anderes Gesicht als die Kirche von gestern und von ehegestern. Wie sieht die Kirche aus? Wenn Sie später einmal Gelegenheit haben, alles auf sich wirken zu lassen, was das Konzil gebracht an Entschließungen, an Äußerungen, dann werden Sie bald finden: Das Mittelstück, das Zentralstück, das ist die Konstitution über die Kirche. Alles, was sonsten dort beraten, geredet, beschlossen, das alles finden Sie wenigstens keimhaft in der Konstitution über die Kirche.

Weshalb eine neue Grundeinstellung der Kirche, eine neue Auffassung der Kirche von sich selber, zu einem großen Teile unterschiedlich von gestern und ehegestern? Das ist die große Frage: Wie sieht die heutige Kirche sich selbst? Also nicht etwa nur: Wie sehen die absolut unveränderlichen Grundfesten der Kirche aus? Also nicht etwa nur die Frage nach der Metaphysik der Kirche, sondern das ist die große Frage: wie die heutige Kirche sich selber sieht.

Wir wissen, wie stark und wie lange disputiert worden ist auf dem Konzil über die Züge, die neuen, (die) neuartigen Züge dieser Kirche. Und nun die Frage: Wie sieht diese Kirche aus gegenüber gestern und vorgestern?

Die Antwort? Das ist eine eigenartige Kirche. Das ist eine Kirche, die auf der einen Seite tief innerlich beseelt traditionsgebunden ist, aber auf der anderen Seite ungemein frei, gelöst von erstarrten traditionsgebundenen Formen.

Das ist eine Kirche, die in überaus tiefgreifender Brüderlichkeit geeint, aber auch gleichzeitig hierarchisch, ja väterlich gelenkt und regiert wird.

Das ist eine Kirche, die die Sendung hat, die Seele der heutigen und der kommenden Kultur und Welt zu werden.

Ob es nun der Mühe wert ist, auf Einzelheiten ein wenig einzugehen? Dann weiß ich nicht, was ich besonders betonen soll. Soll ich daran erinnern, dass alte Bilder der Kirche nunmehr gegenüber den neuen Zügen der Kirche stärker zurücktreten?

Für uns ist es von besonderer Bedeutung, dass das Konzil bei der Selbstdarstellung sehr gerne den Ausdruck gebrauchte: Die jetzige Kirche erlebt sich als die pilgernde Kirche, nicht die in sich fertige, nicht als die in sich abgeschlossene Kirche, (sondern als) die pilgernde Kirche. Wenn sie am Pilgern ist, was will das bedeuten? Dann hat sie rechts und links am Pilgerwege, am Pilgerwesen ihrer Existenz, am Pilgerwege ihrer historischen Existenz Elemente verschiedenster Art in sich aufzunehmen, hat dafür zu sorgen, dass diese Elemente ihr Antlitz, ihr zeitbedingtes Antlitz wesentlich mitprägen. Eine pilgernde Kirche.

Weiter, wie sieht das Antlitz aus? Wie sieht die Kirche heute sich selber? Wenn ich in Form von Bildern sprechen darf: Wir sind daran gewöhnt, waren daran gewöhnt, die Kirche aufzufassen als einen unerschütterlichen Felsen. Auf Felsen ist die Kirche aufgebaut. Tu es Petrus, et super hanc petram aedificabo ecclesiam meam. (Du bist Petrus, und auf diesen Felsen werde ich meine Kirche bauen.) Die Kirche ist also auch Fels. Aber wir wollen und wir dürfen – ja die Kirche selber tut das, deutet das Bild des Felsen wesentlich anders als früher. Früher wurden die Völker eingeladen, ihrerseits den Weg zu suchen, zu finden zu diesem Felsen. Heute will dieser Felsen sich ständig bewegen. Wenn ich das wenig gebräuchliche Bild nun formulieren darf, dann müsste ich so sagen: Dieser Felsen ist ein pilgernder Felsen. Er pilgert hindurch durch die Nationen, er pilgert hindurch durch die Zeiten und sucht selber Menschen, Seelen, ja lockt sie an, wartet also nicht, bis sie von selber kommen.

Dafür wohl viel lieber das andere Bild, so wird es wenigstens gerne gebraucht: Die Kirche – ein Schiff. Mit dem Begriffe Schiff ist ja die Beweglichkeit verbunden; ein Schiff, hindurch durch Wogen und Wellen, und mögen die Wellen haushoch sein, und mögen die Wellen vielfach das Schiff gefährden, so dass die Not besteht, jederzeit die Gefahr, dass es in den Abgrund hinuntergerissen wird. Bild der Kirche. So sieht die Kirche sich selber, so erlebt die Kirche sich selber. Ob wir den großen Unterschied verstehen zwischen gestern und ehegestern und heute und morgen? Von hier aus wird es Ihnen viel leichter, auch die Diskussion zu verstehen, die um das Bild der Kirche herumgeweht und -gewittert hat.

Ferner, suchen wir andere Bilder. Es ist ja die erste Eigenschaft der Kirche, die wir heute vor uns haben: Das ist eine pilgernde Kirche, das ist ein pilgernder Fels, das ist ein Schiff, mitten hinein und hinausgeschickt auf hohe See, das ist gegenüber früherer Auffassung eine überaus dynamische Kirche. Weg also, oder wenigstens wo es sich um die Akzentuierung handelt: nicht so stark die Statik, sondern auch, sondern viel mehr die dynamische Kraft und Macht, die Dynamik der Kirche will heute betont werden. – So sieht diese Kirche aus. Ein neues Bild der Kirche. ...

Und die dritte Eigenschaft? Sie müssen später – oder dürfen – nachprüfen, dass ich Ihnen hier nichts vortrage, was lediglich selber zusammengebraut, sondern was auf der ganzen Linie durch das Konzil in den Aussprachen immer und immer wieder bald so, bald so hervorgehoben worden ist: Diese Kirche soll – wie sie es im Frühchristentum war, wie sie es hätte immer sein sollen – die Seele der heutigen gesamten Weltkultur werden. Also nicht Trennung der Kirche von der Kultur, nicht Trennung der Kirche von der Welt. Nein, die Kirche soll die Seele der Gesamtkultur, der verworrenen Kultur, der überaus weltlich gesinnten Kultur, der teuflisch beeinflussten Kultur werden. So sieht die Kirche sich selber.

Ich hebe noch einmal hervor: Wenn Sie später die Diskussion um diese Züge der Kirche auf sich wirken lassen, dann spüren Sie, wie heiß der Kampf gewesen um diese Selbstzeichnung der Kirche. Hätte es sich hier nur gehandelt um die Metaphysik der Kirche, da wäre natürlich die Antwort sehr einfach und sehr leicht gewesen.

Was noch von besonderer Bedeutung ist, das ist ein Wort, das ist ein Vorgang, den wir uns besonders einprägen dürfen: Wenn die heutige Welt insgesamt von der Idee des Evolutionismus getragen wird, dann will auch die Kirche gesehen werden unter dem Zepter einer gesunden Evolution. Kirche ist nicht fertig, sie wird nie hier auf Erden fertig sein. Die Kirche wandelt sich, die Kirche wechselt sich in ihren einzelnen, ja in ihren einzelnen Lebensvorgängen. Freilich, fest müssen wir halten – ich habe dem ja Rechnung getragen eingangs –, dass die Kirche immer traditionsgebunden sein soll und sein will. Wenn Sie nun das kurz umrissene Bild der neuen Kirche, der neuen Selbstzeichnung der Kirche, auf sich wirken lassen wollen und schauen dann das Leben draußen an – ob es sich handelt um das Leben des Klerus, um das Leben im Episkopat, um das Leben unter den einzelnen Gläubigen – dann können Sie verhältnismäßig schnell signalisieren, auf welchem Boden der einzelne steht. Verlässt er total den Boden der Tradition, so dass er lediglich nur Fortschritt, Evolution kennt, dann weiß ich, wo er steht. Kennt er aber nur die Tradition, kennt er keine Entwicklung, dann weiß ich, woher der große Wirrwarr in der heutigen Zeit kommt.

Und mich dünkt, wir müssen lange warten, sehr lange warten, bis die nachteiligen Nebenwirkungen des Konzils überwunden sind in der kirchlichen Öffentlichkeit. ... Heute gilt es, erst die nachteiligen Begleiterscheinungen, die ungeachtete oder unerwartete Unsicherheit weitester Kreise – ob es sich um hierarchische Kreise, klerikale Kreise, oder Laienkreise handelt – diese Unsicherheiten über das neue Bild der Kirche zu überwinden. Sind die in etwa überwunden, dann erst fängt das Konzil an, fruchtbar zu werden.

Aus: J. Kentenich, Vortrag zur symbolischen Grundsteinlegung, 8.12.1965.

Rückschauend vorwärts blicken

Wie sieht nun diese Selbstzeichnung der Kirche aus?

Ja, wir werden vielleicht zunächst fragen: Gibt es denn einen Wandel in der Selbstauffassung der Kirche? Und wenn wir sagen: ja, dann sofort die andere Frage: Ist die Kirche denn nicht zu weit und zu stark der modernen Entwicklungslehre zum Opfer gefallen? Weshalb hält sie nicht fest an all dem, was wir früher gelernt, was wir gelehrt worden sind? Also gibt es wirklich einen Wandel? Sagen wir besser: es gibt eine Akzentverschiebung. – Noch einmal die Frage: Wie sieht die Kirche sich neuerdings selbst? Ein Glück war es, dass die Vertretung der Kirche, will heißen: Kardinäle und Bischöfe aus der ganzen Welt beieinander waren. Sie hatten ja die Gelegenheit, mitzuhelfen, die Selbstzeichnung, das neue Bild der Kirche zu überprüfen, konnten Wesentliches dazu beitragen.

Hinter all den Überlegungen stand ja letzten Endes die Überzeugung, die zumal Johannes XXIII. von vornherein so stark in den Vordergrund gerückt, dass die Kirche vom Heiligen Geist regiert wird. Wie hat sich denn nun die Wirkung des Heiligen Geistes im Raume der Kirche ausgewirkt? Wenn also eine Wandlung in der Selbstzeichnung, im Selbstbewusstsein der Kirche zu konstatieren ist, dann darf das nicht zufällig gesehen werden – das ist ein Werk des Heiligen Geistes.

Nun noch einmal die Frage: Wie kennzeichnet denn die Constitutio de Ecclesia sich selber?

Die Antwort: Die Kirche will künftig stärker gesehen werden in ihrer ganzen elementaren Dynamik! Die Kirche will sich künftig stärker als bisher orientieren – wir gebrauchen unseren Ausdruck – am neuesten Zeitenufer. Nicht so, als wenn sie ständig nur stehen bleiben wollte beim alten Zeitenufer, nein, nein, beides wollte sie: rückschauend vorwärts blicken.

Rückschauend: die festen Fundamente der Kirche bejahen, (die) wesentliche Sendung der Kirche für alle Zeiten, wie sie von Anfang an gesehen, vom Heiligen Geist mitgeteilt, unerschütterlich festhalten. Aber sich gleichzeitig bewusster orientieren an den großen, großen Ereignissen, am Gestaltwandel der Zeit, orientieren am neuesten Zeitenufer. Die Folge davon, fast möchten wir sagen: in der Gesamtkirche eine Art Revolution, eine starke Bewegung: weg von überspitzter traditioneller Auffassung, hin und hinzu zu einer fortschrittlicheren Auffassung!

Zwei Momente, zwei Elemente dieser neuen Auffassung wollen wir hier besonders unterstreichen.

Zunächst: Bisher hat die Kirche sich mehr tragen lassen von dem Gedanken, von der Überzeugung: Tu es Petrus, et super hanc petram aedificabo ecclesiam meam. Kirche – ein Fels. Ein Fels inmitten des Gewoges der Zeit, ein Fels – und wer Heil erhalten will von Gott, der muss den Weg finden hin zu diesem Felsen. Deswegen eine gewisse Isolierung der Kirche aus dem Gewoge der modernen Zeit.

(Die) Kirche stand und steht heute fast – so wagt man vielfach zu sagen – wie ein erratischer Block dorten. Ein Block, vereinsamt, Welt um sie herum. Anstatt dass sie hinzupilgern sich bemüht zu diesem Felsen, bewegt sie sich ständig mehr und mehr davon weg in die Ferne hinein. Deswegen stärkere Dynamik, weg von dieser starren Art des Konservativen, sondern mehr Dynamik! Wenn man schon stehen bleiben will oder wollte bei dem Bilde eines Felsens, dann muss die Kirche sich bemühen, diesen Felsen selber hineinzubewegen in die moderne Welt; darf also nicht stehen bleiben, oder wenn schon stehen bleiben, dann aber gleichzeitig beweglich sein.

Wir ahnen, was das besagt: eine ganz starke Wandlung im kirchlichen Denken. Wenn wir ansonsten so häufig den Vorwurf gehört haben: Schönstatt verletzt das Sentire cum ecclesia (Fühlen mit der Kirche), dann natürlich die große Frage: Wie empfindet die Kirche sich denn selber? Wenn die Selbstauffassung der Kirche sich wandelt, dann muss auch das Sentire cum ecclesia sich wandeln. Wenn also die Kirche sich nunmehr sieht – stärker als bisher – inmitten des Gewoges, inmitten der Stürme, der Zeitenstürme, hingeordnet hin zum neuesten Zeitenufer, sentire cum ecclesia besagt dann: wir müssen der Auffassung der Kirche folgen, müssen uns gleichschalten dieser Auffassung. Weg also von der übertriebenen Festhaftung am Alten! Mitten hinein in das Gewoge der Zeit! Sentire cum ecclesia! Das besagt, das beinhaltet das Axiom: Sentire cum ecclesia.

Um aber noch einmal den skizzierten Gedanken zu klären, zu vertiefen, wollen wir uns daran erinnern, dass die Kirche neuerdings andere Bildzeichnungen von sich selber bevorzugt als die früheren. So möchte sie gerne aufgefasst werden als ein Schiff. Das ist das Schiff, das damals über den See Genesareth hin und her sich bewegte. Ein Schiff, ein Schiff, in dem der Herr sitzt, wenn er auch manches Mal zu schlafen scheint. Ein Schiff, das sich nicht fürchtet vor dem Wogendrang. Ein Schiff, das mutig hineinstößt in die wogende See des heutigen verworrenen und verwirrten Lebens. Wiederum dynamische Auffassung der Kirche, wiederum das starke Drängen: die ganze heutige Welt soll von der Kirche berührt werden.

Aus: J. Kentenich, Vortrag vor der Schönstattfamilie, 31.12.1965

Uridee in sich wandelnden Formen

Wir stehen am Ende einer 500-jährigen Entwicklung. Der Herrgott will die Kirche an ein ganz neues Ufer führen. Er hat seine Absicht mit der Entwicklung der Kirche. Normalerweise sucht er diese Absicht zu erreichen durch die Gegner. Vielleicht sind wir zu stark an alte Formen gebunden, sodass der Geist nicht genügend wirken kann. Auch die Kirche hat, bei aller Achtung vor der Autorität, als Träger Menschen. Utamur haereticis! (Augustinus) Die Kirche ist in einer gewissen Revolution, die wir alle miterleben, wissen aber noch nicht recht, wohin es geht.

Wie sieht die kommende Zeit aus, für die wir noch gar keinen Namen haben? Wie sieht die Kirche aus am anderen Ufer? Antwort kann ein Metaphysiker geben und ein Prophet. Der Metaphysiker, der sich bemüht, die Kirche zu sehen in ihrer wesentlichen Substanz und in ihrer historischen Form. Welche Formen sind als ewige gedacht, welche sind wandelbar? Der Metaphysiker löst zunächst einmal ideenmäßig die Prinzipien aus den historisch gewordenen Formen, kündet mit großer Inbrunst die alten Gedanken, wartet dann ab, was von den alten Formen beibehalten wird und welche neuen Formen sich bilden. Gott will die Kirche in ein ganz neues Stadium hineinführen. Hier kann der Metaphysiker eine Antwort geben, der vorsichtig alles auf alte Prinzipien zurückführt, wartet, bis daraus neue Formen entstanden oder die alten Formen wieder beseelt und tragfähig geworden sind.

Der zweite, der eine Antwort geben kann, ist der Prophet, d.h. der Mensch voller Gottergriffenheit, Sendungsergriffenheit und Zeitergriffenheit. Wir – sowie alle strebsamen Gemeinschaften – sind darauf angewiesen, aus einer klaren Ideologie zu leben. Dabei sind wir angewiesen auf Rückwärtsorientiertheit, d.h. Traditionsgebundenheit, da es sich ja um einen objektiven Einbruch handelt. Wir müssen allerdings auch sehen, wie das Alte eine neue Form annehmen muss. Die Kirche muss heute stärker als bisher ihre Aufgabe in der Neuzeit sehen. In der Sprechweise des Hl. Vaters werden Sie diese Prinzipien immer wieder finden. Von hier aus ist auch die Parole zu verstehen, die seit mehr als 20 Jahren umgeht: Enteuropäisierung der Kirche, das ist Besinnung auf das Überzeitliche. Die Kirche ist bereit, Formen abzustreifen. Von hier aus verstehen wir: Nationalisierung der Kirche: einheimischer Klerus, Missionsmethoden. Die Kirche lässt heute z.B. in Japan, China, Korea Kultdinge zu, für die früher Tausende ihr Leben gegeben. Sie ringt darum, sich zu lösen von alten und zeitbedingten Formen. Wenn der Herrgott eine Sendung gegeben, gilt die Parole: Wachet auf und wecket einander. Dann müssen wir sogar den Mut haben, da und dort ins Dunkel zu springen.

Ein anderer Ausdruck: Entterritorialisierung der Kirche. Morgen, ja, heute schon gibt es keine Abstände mehr. Was man heute drüben hustet, das pustet man morgen hier. Die Kirche muss in irgendeiner Form sehen, wie sie sich der Zeit anpasst und das Überzeitliche hinüberrettet. Es gibt keine gesicherten katholischen Territorien mehr. Selbst im Ordensleben ist keine chinesische Mauer mehr zu ziehen. Fast mag es einem Angst werden, die Dinge so in ihrer krassen Deutlichkeit zu sehen. Und wir leben zwischen beiden Stühlen, an den Ausläufern der Zeit, die elementar ringt um eine neue Form. Die Ausdrücke: Entpolitisierung und Entmaterialisierung gehören hierher. Die Kirche ringt darum, sich von den zeitbedingten Formen zu lösen, hält fest an der Uridee, ruft sie hinaus, aber lässt neue Formen entstehen. Es hat also einen Sinn, wenn wir uns neu orientieren.

Aus: J. Kentenich, Terziat für Pallottinerpatres in Bellavista/Santiago, Chile, 1951.

Hinein in die Welt

Bleibt sie [die Kirche] schon einmal bei den beliebten Bildern, dann gibt sie eine andere Deutung oder verschiebt den Akzent: wenn schon ein Haus, dann aber ein Haus, das noch nicht fertig ist; wenn schon eine Geborgenheit in diesem Gebäude, dann aber in der Absicht, um aus der persönlichen, einigermaßen gesicherten Einstellung nun hinauszustürmen in die Welt, um die Welt zu erfassen, um der Welt dort, wo sie uns begegnet, das Antlitz Christi aufzuprägen; wenn schon ein Fels, dann aber ein Fels, der sich gleichsam in die Welt hinein bewegt, damit der Fels zur Welt und nicht die Welt zum Fels kommen muss.

Aus: J. Kentenich, Predigt für die deutsche Gemeinde St. Michael in Milwaukee, USA, 8.11.1964.

Brüderlich geeint –
hierarchisch gelenkt

Das neue Bild der Kirche,
so wie sie sich selber sieht,
die Züge, die sie selber
an sich wahrnimmt,
das ist die ausgesprochene Brüderlichkeit
unter dem Gesichtspunkte
des Gemeinsamen des Volkes Gottes.
Aber dieses Volk Gottes
ist miteinander verbunden,
verbunden auch mit der Hierarchie,
durch eine umfassende,
tiefgreifende Verantwortung.

Im Konzil und deutlich darüber hinaus gibt es die Sehnsucht nach einer Kirche, die nicht zuerst das Oben und Unten betont, sondern das brüderliche und schwesterliche Miteinander. Dass es im Laufe der Kirchengeschichte zu einer so starken Gegensätzlichkeit gekommen ist, sieht Josef Kentenich als Folge des römischen Patriarchalismus und der konstantinischen Wende. Im Rückgriff auf den Volk-Gottes-Gedanken durch das Konzil sieht er das alle Verbindende betont und deutet dies auch als eine Gemeinsamkeit in der Verantwortung.

Er rechnet damit, dass es nach dem Gesetz des Pendelschlages zu Strömungen kommt, die keinen Sinn mehr haben für das Gegenüber von Amt und Gemeinde, von Hierarchie und Volk. Ganz im Sinne des Konzils zielt er auf das Miteinander des Volkes Gottes in einer ganz grundlegenden Gleichheit und das Zueinander von gelebter Geschwisterlichkeit und hierarchischer Führung.

Es geht ihm um einen neuen Leitungs- und Umgangsstil, der geprägt ist von gegenseitiger Ehrfurcht und Mitverantwortung. In dieser Richtung hat sich seit dem Konzil einiges bewegt. Aber die Zielvorgabe des Konzils ist längst noch nicht überall erreicht, im Umgang zwischen Pfarrer und Pfarrgemeinderat, im Zueinander der verschiedenen Berufe in der Kirche und im Zusammenspiel der verschiedenen Ebenen der kirchlichen Organisation.

Wenn Kentenich in diesem Zusammenhang von Vaterschaft und Familie spricht, meint er nicht den Traum von einer Familienidylle, sondern zielt auf geläuterte und reife Vaterschaft, die in der Familie Geschwisterlichkeit ermöglicht und freisetzt.

Das Band der Brüderlichkeit

Als zweite Eigenschaft durfte ich sagen: Diese Kirche will geeint sein in einer überaus zarten, tiefen, innigen Brüderlichkeit. Eine Brüderlichkeit, und zwar in einer Form geeint, die auch gleichzeitig eine hierarchische Regierung, eine hierarchische Führung kennt.

Wenn wir das wiederum vergleichen, diese zweite Eigenschaft vergleichen mit dem Bilde der Kirche von gestern und ehegestern, dann wissen wir, wie die Kirche früher ausgesehen, wissen, wie wir sie zum großen Teile selber erlebt haben. Da war es nicht Brüderlichkeit, die das Volk untereinander geeint, geeint auch mit den Führern der Kirche, da war es auf der einen Seite ein starres Herrentum, auf der einen Seite eine Hierarchie, die eine Verantwortungsfülle, eine Herrschaftsfülle in den Händen trug, und auf der andern Seite ein Volk, das – ja fast möchten wir sagen – schwindsüchtig war, lebte vom Mangel an Verantwortung, vom Mangel an Mitverantwortung. So diese starke Gegensätzlichkeit.

Diese Art, diese Art Antlitz ist der Kirche aufgeprägt worden im Frühchristentum durch den damals im römischen Volke herrschenden Patriarchalismus und später seit Konstantin dem Großen durch – ja, wie soll ich das sagen? – durch die staatsrechtliche Formung und Formulierung. Seit der Zeit in der Kirche diese starke Gegensätzlichkeit zwischen Oben und Unten. Und demgegenüber weiß nun die Kirche sich selber zu sehen unter einem einheitlichen Standpunkte, sie sieht sich schlechthin als das Volk Gottes. Ein Volk Gottes, das eine einzige Linie kennt. Und alle ohne Ausnahme treffen sich auf dieser einen, einzigen Linie: ob es sich um die Hierarchie handelt, ob es sich um den Papst handelt. Was alle miteinander eint, was ist das? Eine gemeinsame Brüderlichkeit, die die Seelen ineinander wachsen lässt.

Deswegen noch einmal: Das neue Bild der Kirche, so wie sie sich selber sieht, die Züge, die sie selber an sich wahrnimmt, das ist die ausgesprochene Brüderlichkeit unter dem Gesichtspunkte des Gemeinsamen des Volkes Gottes. Aber dieses Volk Gottes ist miteinander verbunden, verbunden auch mit der Hierarchie, durch eine umfassende, tiefgreifende Verantwortung. Nicht Verantwortungslosigkeit. Verantwortung jeder an seinem Platz, jeder an seinem Platze aber auch für das Gesamtbild der Kirche. So sieht das neue Bild der Kirche aus.

Und die Hierarchie? Ja, was hat das Führertum in der Kirche heute für eine Bedeutung? Zunächst hinab, hinein in die eine Gemeinschaft. Was uns gemeinsam bindet: auch die Hierarchie ist Volk Gottes. Deswegen, die Verantwortung, die die Hierarchie hat, das ist die Verantwortung nicht für nichtswürdige Untertanen, sondern für das Volk Gottes. Was das bedeutet? Wieder eine viel stärkere Nähe zwischen oben und unten. Was das bedeutet? Hierarchische Orientierung, hierarchische Regierung, das ist die Regierung, die ausgeht – wie wir das in den Tagen so häufig besprochen haben – von einer ausgesprochenen, übernatürlich verankerten Väterlichkeit. Alles in allem also: die zweite Eigenschaft des neuen Kirchenbildes.

Aus: J. Kentenich, Vortrag zur symbolischen Grundsteinlegung, 8.12.1965.

Brüderlichkeit ohne Väterlichkeit ist widersinnig

Im einzelnen geht es um das Volk Gottes. In der früheren Auffassung hat sich die Kirche stark – gewiss vielleicht zu stark, mag sein – in der hierarchischen Doppelgliederung des Oben und Unten gesehen. Alles das geschah natürlich unter dem Einfluss der konstantinischen Wende. Das geht also weit zurück.

Das heißt aber nicht, es gäbe kein oben und kein unten. Die Gefahr besteht heute darin, dass wir das Oben streichen und nur das Unten sehen. Früher hat man nur das Oben gesehen und das Unten nicht. Deswegen hat sich die Laienwelt auch so unwürdig behandelt gefühlt.

...

Wir sollen dafür sorgen, dass ein stärkerer demokratischer Zug in das Verhältnis mit dem Bischof, in das Verhältnis mit der eigenen Gemeinde hineinkommt. Sie müssen verstehen, dass da Ausdrücke geformt werden, die das etwas überspitzt sagen. Das Demokratische muss deswegen so geübt werden, weil wir alle untereinander Brüder sind. Das Grundverhältnis zueinander, so wird heute betont, darf nicht mehr bleiben: auf der einen Seite ein paternelles und auf der anderen Seite ein mehr kindliches oder sohnhaftes. Da sind auf einmal die Gegensätze da. Alles, was oben ist, wird schnell weggemäht.

Demgegenüber sagen wir: Brüderlichkeit ohne Väterlichkeit ist widersinnig. Wenn wir alle untereinander Brüder sind, dann muss doch ein Vater da sein, der der Erzeuger ist. Auch als Pfarrer müssen wir wieder mehr hinunter zu der Gemeinschaft. Aber deswegen ist das Ideal der Paternitas nicht vorbei. Der hl. Paulus sagt uns, was Paternitas ist: das Vatersein in der Gemeinde. Er geht sogar noch ein Stück weiter, er nennt den Priester auch die Mutter der Gemeinde, wenn er sagt, er habe bei der Erzeugung der Gemeinde in Christus Geburtswehen durchgekostet. Für uns gilt also: ja nicht schnell weg vom Alten! Wenn wir organisch denken, müssen wir immer sagen: was war, festhalten, was kommt, neu betonen.

Heute ist so viel von der Partnerschaft die Rede. So wie wir den Ausdruck Paternitas aufgefasst haben, liegt darin eine viel stärkere Nähe als in dem, was mit dem Wort Partnerschaft ausgesagt ist. Wir haben ja immer das Vatersein betont, ganz gleich, ob es sich um Papst, Bischof oder Priester handelt. Aber diese wesentlichen Dinge werden heute total vergessen.

Auf der Oktoberwoche haben wir herausgestellt: Paternitas ist unlösliche Solidarität. Also in gar keinem Falle darf es eine diktatorische Paternitas sein. Vielmehr heißt das: wir haben zu erziehen; und erziehen heißt erzeugen. Wir dürfen eine Erzeugungsaktion tätigen. In Anlehnung an die alte Definition des Boethius müsste man, einfältig ausgedrückt, so sagen: Erziehen heißt: lebendige Fühlung halten (Alban Stolz).

Was man heute will, das ist alles im Alten enthalten. Glauben Sie, Schönstatt wäre so geworden, wie es geworden ist, ohne dass eine ungeheure Zeugungskraft wirksam gewesen wäre? Es waren ja überhaupt keine Rechte da!

Wir wollen also Patres unserer Gemeinden bleiben. Das verstehen wir nun so, dass ich den Lebensstrom, der in mir lebendig ist, weiterleite. Ich muss Leben erzeugen, das Leben wird ja nur durch das Leben erzeugt. Ich darf also nicht nur bei den Ideen bleiben und nicht nur den Ideenstrom weiterleiten. Ich treffe dabei aber auch auf Leben, und dieses Leben nehme ich dabei in mich auf.

Aus: J. Kentenich, Exerzitien für Schönstattpriester in der Marienau, 11.-16.12.1966.

Hirt und Herde sind Volk Gottes

Hintergrund ist natürlich auf der ganzen Linie die frühere Auffassung der Kirche von sich selber. Wenn wir sagen, sie sieht sich heute primär – so muss ich das Wort wohl beifügen – als Volk Gottes, dann heißt das gegenüber der früheren Auffassung: dorten hat sie sich gesehen als hierarchisch gegliedert. Da hat sie sich gesehen in voller Gegenüberstellung: hier die Führenden, die leitende Kirche, und dort die geleitete Kirche. Das ist besonders stark seit Konstantin dem Großen. Wir wissen ja, dass kraft göttlichen Rechtes die Kirche eine hierarchische Einstellung kennt, eine hierarchische Struktur, also einen Teil der Kirche, der primär Führungsfähigkeit, Führungsaufgabe hat. Durch Konstantin den Großen ist in die Hände des Episkopates auch per eminentiam die fürstliche Macht, die Staatsmacht hineingelegt. So haben wir also im Laufe der Jahrhunderte eine Hierarchie vor uns, die in einzigartiger Weise mit Macht ausgestattet war. ...

Wir wollen also festhalten, dass es verständlich ist, in welchem Ausmaße die kirchliche Hierarchie der Gefahr des Missbrauches der Macht ausgesetzt war.

Nun inzwischen in der ganzen Weltgeschichte ein starker demokratischer Zug. Man hebt ja wohl hervor: durch die Französische Revolution sei dieser demokratische Zug auf den Schild erhoben worden. Und dem passt sich nun die Kirche bei der Selbstzeichnung an. Sie sucht einen Generalnenner, auf den beide Gliederungen zurückgeführt werden können: die

Regierenden und die Regierten. Und der Generalnenner lautet: Volk Gottes!

Damit soll aber nicht gesagt sein, die Kirche wollte auf ihre hierarchische Struktur verzichten. Sie hebt nur das Gemeinsame wieder stärker hervor. Was ist das Gemeinsame? Hirt und Herde sind Volk Gottes. Gott steht über allen, und was alle miteinander verbindet, Hirt und Herde, das ist der Charakter des Volkes Gottes.

Wenn Sie einmal achten, was ansonsten auf dem Konzil als Leitlinie ausgegeben worden ist, dann werden Sie finden, dass diese Linie auf der ganzen Seite nach allen Richtungen immer wieder betont wurde. Deswegen auch die Gottesmutter, trotz ihrer Privilegien, will in derselben Leitlinie gesehen, beachtet und betrachtet werden, auch als Glied des Volkes Gottes. Sicher, das ist so stark betont worden, dass da und dort sogar sich eine gewisse Gefährdung bemerkbar machte bei der vollen Rechtfertigung der Stellung der Gottesmutter im Volke Gottes. Man hat zwar allgemein zugegeben: wo es sich um das Volk Gottes schlechthin handelt, da steht die Gottesmutter an erster Stelle. Aber dass sie darüber hinaus auch eine Mittlerstellung zwischen Gott und Volk Gottes eingenommen, dass sie darüber hinaus auch gleichsam einen Globus für sich, eine Welt für sich darstellte, dass sie darüber hinaus – um jetzt in der Terminologie des Konzils zu sprechen – nicht nur das vollendetste Glied der Kirche, der Mater ecclesia, sondern auch Mater ecclesiae ist und immer bleibt, war sogar vorübergehend in Gefahr, erkannt und anerkannt zu werden.

Sehen Sie, von diesem demokratischen Zug, den die Kirche in ihrer Wesensart entdeckt und stärker betonen will, dass von hier aus auch der Ausdruck Partnerschaft eine besondere Bevorzugung gefunden, liegt alles im selben Gedankengang. Oder der Gedanke der Bruderschaft, der Schwesternschaft, der Gliedschaft liegt alles in derselben Linie. Wir müssen nur festhalten: hier geht es um eine Akzentverschiebung, um eine stärkere Betonung, nicht als wenn es sich hier um etwas Neues, nie Dagewesenes handelt. Und wenn der Akzent nunmehr stärker auf das Volk Gottes gelegt ist, heißt das nicht, all das andere, was die Kirche früher von sich selber gesagt, existiert nicht mehr.

Im übrigen dünkt es mich, sollten wir uns wohl der heutigen Terminologie anpassen, aber nichts hineinlegen, was nicht darinnen liegt. Wenn also heute von Partnerschaft die Rede ist untereinander oder von Brüderschaft untereinander: das ganze Volk Gottes ist also durch das Band der Partnerschaft und Brüderschaft miteinander verbunden, so heißt das wahrhaftig nicht, darf nicht heißen wollen: es gäbe also keine Vaterschaft mehr.

Mich dünkt, schier umgekehrt müsste man sagen: Im Ausmaße als Brüderschaft, Schwesternschaft, Partnerschaft betont wird, müsste auch die Vaterschaft betont werden. Wir sind ja gerade deswegen Brüder untereinander, Schwestern untereinander, Partner miteinander, weil wir denselben Vater haben. Ob es sich jetzt um Vaterschaft in der übernatürlichen oder auch um Vaterschaft in der natürlich-übernatürlichen Region handelt.

Wenn ich hier einen Augenblick innehalten darf, dann meine ich eine Lanze brechen zu müssen im Sinne der Vaterschaft zugunsten der Brüderschaft, zugunsten der Partnerschaft. Wie wir als Glieder einer einzigen großen Familie immer in Gefahr schweben, Extreme einseitig zu betonen, so auch hier. Ich meine, ich müsste so sagen: Gesunde Vaterschaft schließt in sich all das, was man heute sagen will mit Partnerschaft. Gesunde Vaterschaft.

Aus: J. Kentenich, Exerzitien für den Verband der Schönstattpriester in Würzburg, 21.-25.11.1966.

Der Bischof – Vater der Diözese

Wir wissen das auch zum Teile aus den Konzilsbestimmungen und -beratungen, wie stark in der kommenden Kirche bischöfliche Autorität unterstrichen worden ist. Bischöfliche Autorität – fast möchten wir sagen: (der) Papst hat ein Großteil seiner eigenen Rechte nun stärker auf die Schultern des Episkopates gelegt. Wenn wir nun sagen: Einschaltung, nicht nur Gleichschaltung, dann heißt das: In unserer eigenen Tätigkeit, (in der) Erfüllung unserer Sendung, wollen wir stärker eingeschaltet werden, weiter, stärker als bisher, in die Abhängigkeit von der Hierarchie. Also genau das Gegenteil von dem, was heute vielfach in der Kirche da und dort gelehrt und gekündet wird. Nicht Freiheit, die ich meine, sondern Freiheit, die Gott meint. Freiheit!

Ich darf daran erinnern, will das auch später unseren Schönstattpriestern eigens näher bringen, dass ich im Namen der Familie dem Bischof von Münster versprochen (habe), wir wollten als Gesamtfamilie – also nicht nur wir als Priester, sondern auch wir als Laien, alle Gliederungen – mit die Verantwortung dafür tragen, dass die Diözese wirklich eine Familie wird, also dass das Ideal, das Kirchenideal, in der Diözese Münster auf der ganzen Linie auch besser und tiefer geschaut, gesehen, erfasst wird als eine Gottesfamilie. Aber in dieser Gottesfamilie verlangt das Wesen, (der) Charakter der Familie auch einen Paterfamilias: dass also der Bischof buchstäblich der Paterfamilias der ganzen Diözese, nicht nur der Priester, sondern auch der Laien wird. An sich Worte, der Laien wird. An sich Worte, die so schnell dahergesagt werden. Aber vergessen wir bitte nicht: das heißt praktisch, jede Diözese müsste nun in sich das Ideal verkörpern, das die Kirche nun von sich selber gemalt hat. Das Ideal kennzeichnet (die) Kirche (als) eine große Familie. Großfamilie ist natürlich nur denkbar, wenn die Großfamilie nun aufgegliedert ist in Kleinfamilien.

Wie das halt heute ist: Heute kann man kaum irgend eine Botschaft künden, ohne dass Gegenströmung geweckt wird, wenn auch das Konzil so klar gesprochen (hat). Nehmen wir Gegenströmungen, die sagen: Das ist nichts mit dem Familiencharakter der Kirche! Familiencharakter setzt voraus eine kleine Gemeinschaft. (Die) Kirche ist viel zu groß, kann keine Familie sein!

Antwort darauf: Das ist klar, dass die Kirche als Ganzes nicht Familie sein kann, keine Großfamilie sein kann, wenn sie nicht zusammengesetzt ist aus Kleinfamilien. Und die Kleinfamilie, das ist zunächst die Diözese vom kirchlichen Standpunkte aus. Kleinfamilie – wenn die Familie in der Diözese als Ideal verwirklicht werden will oder kann oder soll, dann geht die Gedankenlinie weiter nach unten, dann müssen wir dafür wieder sorgen, dass jede natürliche Familie nun auch wirklich Familie wird. Ein ungeheuer großes Programm, soziologisch geschautes Programm für die Erneuerung der Familie!

Aus: Josef Kentenich, Predigt in Münster, Haus Mariengrund, 26.12.1965.

Seele heutiger und kommender Kultur und Welt

Also nicht Trennung
der Kirche von der Kultur,
nicht Trennung
der Kirche von der Welt.
Nein, die Kirche soll
die Seele der Gesamtkultur werden.

Die Kirche ist nicht für sich selbst da. Sie hat einen Auftrag für die Welt. Alle Glieder der Kirche haben die Aufgabe, die Kirche gegenwärtig zu setzen in der Welt und für die Welt. Jede und jeder kann und soll mithelfen, Christus, das Licht der Völker (Lumen Gentium), gegenwärtig zu setzen mitten in der Welt gemäß dem Auftrag des Herrn: „Ihr seid das Salz der Erde ... Ihr seid das Licht der Welt" (Mt 5,13.14). Ohne diese Funktion, diese Ausstrahlung für die Welt, erfüllt die Kirche nicht ihre Aufgabe und verfehlt ihre Sendung.

Also ist nicht Flucht aus der Welt angesagt, sondern die Präsenz inmitten der Welt. Kentenich hat eine Aufgabe darin gesehen, seine geistliche Familie und auf exemplarische Weise seine Säkularinstitute weltfähig zu machen für ihren Einsatz im Sinne der Kirche. Die Kirche soll präsent werden im pulsierenden Leben der Familie und der Gesellschaft, der Kultur und der Wirtschaft. Kirche soll von innen wirksam werden, wo heute das Leben sich abspielt. Sie soll Lebensprinzip und Seele der künftigen Kultur werden. Also nicht Rückzug in die Sakristei oder in den Raum einer privaten Frömmigkeit oder spirituellen Gruppe, die die Welt sich selbst überlässt.

Die Kirche in ihren Gemeinden und kirchlichen Gemeinschaften braucht den Willen zur Evangelisierung und die Dynamik zur Durchdringung der Welt. Sie braucht die Vision, noch einmal Seele der Kultur zu werden, die moderne Kultur zu beeinflussen und die neue Zeit aus dem Geist des Christentums zu prägen.

Eine Gruppierung allein wird das nicht vermögen, aber im Zusammenschluss vieler Pfarreien, Gemeinschaften und kirchlicher Bewegungen kann es geschehen, moderner Kultur eine Seele zu geben.

Kirche in der Welt gegenwärtig setzen

Die Zukunft der Kirche hängt im wesentlichen davon ab, ob und wieweit es den Gliedern der Kirche gelingt, diese Kirche in der heutigen Welt gegenwärtig zu setzen. Den Satz verstehen wir wahrscheinlich nicht gleich. Ob wir den Unterschied zu dem vorher Gesagten ein wenig fassen? Da war die Kirche für sich, ein einziger großer Block. Die Menschen sollen zu ihr kommen! Und jetzt! Die Kirche muss sich gegenwärtig setzen, überall. Wo überall? Wo Glieder der Kirche sind. Da muss sie gegenwärtig sein! Nicht also, die Menschen müssen zur Kirche kommen: die Kirche muss zu der Welt gehen! Und wer (ist das), was heißt das, die Kirche? Ich bin die Kirche! Wo ich als Glied der Kirche stehe und gehe, da ist Kirche! Ich muss da, wo ich gehe und stehe, die Kirche gegenwärtig setzen.

Nun hören wir das gewichtige Wort noch einmal. Das bedeutet eine urgewaltige Umstellung unseres Denkens. Die Zukunft der Kirche. Was heißt das, die Zukunft der Kirche? Die Zukunft der ganzen Welterlösung, die Zukunft darüber, ob die Kirche die Menschen zum lieben Gott in den Himmel führt oder am Himmel vorbeiführt – ich will nicht sagen in die Hölle –, wovon hängt das ab? Jetzt nicht davon, dass wir als Priester unsere Sache gut machen: dass wir gut zelebrieren, meinetwegen den Zölibat halten, ich weiß nicht, was alles. Nicht, als wenn wir das nicht auch sollten. Nein, nein, die hängt im wesentlichen davon ab, dass die Kirche überall, wo ich gehe und stehe, ob ich Priester oder Laie bin, gegenwärtig gesetzt wird.

Jetzt müssen wir hier ein wenig stehen bleiben. Nicht wahr, wir sind im allgemeinen gewohnt – so wie wir früher vielleicht Biblische Geschichte oder Kirchengeschichte gehört haben –, uns nachweisen zu lassen, wie die Kirche früher in der Welt gewirkt hat. Und dann stehen wir mit Staunen davor. Aber, aber. Was heute viel wichtiger ist: wir müssen überzeugt sein, dass die Kirche heute wirkt! Die Zukunft also der Kirche, der Heilsordnung, der Erlösungsordnung hängt im Wesentlichen davon ab, dass diese Kirche im heutigen Leben gegenwärtig gesetzt, präsent gesetzt wird. Im heutigen Leben!

Nun müsste ich, wenn wir Zeit hätten oder wenn wir einen ganzen Kursus halten dürften, stehen bleiben, und (wir müssten) miteinander überlegen: Wie sieht denn die heutige Welt aus? Das ist keine schlafende Welt, außerhalb der Kirche! Wohl müssen wir fürchten, dass die Kirche schläft: Requiem aeternam (dona ei, Domine)! Jawohl, hier auf Erden (gibt es) keine Ruhe, (erst im Jenseits dann die) ewige Ruhe! Nein, die Welt draußen schläft nicht, wahrhaftig nicht! Die ist bewegt! Nicht nur revolutionär bewegt: welch ein ungeheures Forschen, Studieren auf der ganzen Linie! Eine vielbewegte, geistig ungemein wache, forschende Welt! Und für diese Welt sind wir da: bin ich da, seid ihr da, jeder von uns. In dieser Welt muss ich, in dieser bewegten Welt muss ich die Kirche – und wenn sie nicht insgesamt geschlafen hat, hat sie in mir geschlafen – lebendig setzen. Wodurch? (Dadurch,) dass ich ein Stück Kirche bin. Wenn die Kirche nicht in mir lebendig ist, dann ist es selbstverständlich, dann geht die Welt, die draußen wie auf einem stürmischen Meere wandelt und handelt und sich bewegt, immer weiter weg von Christus. Das Heil der Welt hängt davon ab, dass ich – ich! – in dieser Welt die Kirche, das heißt Christus, lebendig setze.

Wir können weiter überlegen: Wie sieht denn diese Welt aus? Ach, das wissen wir: eine vielfältig gespaltene Welt. Nicht nur gespalten zwischen Gottesgläubigen und Gottesungläubigen. Das war sie immer. Aber heute zieht der Unglaube massenweise und offiziell auf. Eine gespaltene Welt; auch gespalten, wo es sich um die christlichen Gemeinschaften handelt. Was muss ich nun tun? Ach, ich soll jetzt nicht disputieren; das ist nicht die Hauptsache. Was muss ich? Wo ich mit anderen zusammen bin, auf der Arbeitsstätte, wo auch immer: ich muss nicht ständig Streitgespräche vom Zaune reißen. Was muss ich? Die Kirche, meine Kirche gegenwärtig setzen! Wir spüren sofort, was das für eine gewaltige Aufgabe bedeutet; (wir) spüren sofort, was (für) eine Umstellung unserer ganzen Erziehung, unserer Selbsterziehung (das erfordert). Das alles, haben wir früher gesagt, das ist Sache des Klerus. Und wir? Requiem aeternam dona eis, Domine, et lux perpetua luceat eis! Nein, nein! Wachet auf und wecket einander! Die Kirche muss in mir wach sein, lebendig werden! Davon hängt das Schicksal der Kirche, das Schicksal des Christentums, das Schicksal des Katholizismus ab!

Ja wie sieht die heutige Welt denn aus? Eine Welt, die von schrecklichen Nöten hin– und hergerissen wird. Ob ich jetzt etwa an die unterentwickelten Völker denke, an die urgewaltige Hungersnot, die überall in der weiten Welt um sich greift: in diese Welt, da geh ich hinein, da muss die Kirche hin! Nicht die Organisation der Kirche, wenigstens nicht zunächst; dahin geht die Kirche durch mich, wenn ich dort eine Aufgabe habe oder eine Aufgabe suchen will.

Noch einmal die Frage: Wie sieht die Welt aus? Das ist eine Welt, die urgewaltig nach einer geschlossenen, bisher nie da gewesenen Einheit sich ausstreckt. Eine Einheit! Und worin Einheit? Und welche Aufgabe habe ich in dieser Welt, die nach dieser gewaltigen Einheit ringt? Ich muss ein Baustein, aber ein lebendig-christlich-katholischer Baustein sein in diesem Ringen um die heutige Einheit, an der auch die Kirche nicht vorbeikommt. Die darf nicht im Hintergrunde bleiben, sonst geht die Welt ihren Weg, und die Kirche geht ihren Weg, und beide reißen sich ständig mehr und mehr auseinander.

Verstehen wir jetzt in etwa, was das heißt erstes Prinzip: Die Zukunft der Kirche hängt davon ab, dass alle Glieder der Kirche in ihrer Weise, wo sie gehen und stehen, die Kirche präsent–, gegenwärtig setzen?

Aus: J. Kentenich, Predigt für die deutsche Gemeinde St. Michael in Milwaukee, USA, 8.11.1964.

Kirche muss Lebensprinzip der heutigen Welt werden

Anders ausgedrückt – das ist ein Ausdruck, den Pius XII. seinerzeit gebraucht hat: Die Kirche muss sich wiederum darauf einstellen, das Lebensprinzip der heutigen Welt zu werden. Nicht das Lebensprinzip einer vergangenen Welt, der heutigen Welt! Die Welt hat sich von ihr gelöst, getrennt, ja die Welt fasst die katholische Kirche heute auf wie eine alte Reminiszenz, wie ein Überbleibsel aus alter Zeit, das morgen, übermorgen zerstört wird. Und nunmehr? Die Kirche wird sich bewusst, sie muss das Lebensprinzip, also die Seele der heutigen Welt, der kirchenfeindlichen, der gottfeindlichen, der kirchenflüchtigen, der gottflüchtigen Welt werden. Das ist die gewandelte Auffassung.

Und wenn sie uns anleitet, damit ernst zu machen, dann will sie uns einprägen: jeder von uns, jedes Glied, also nicht etwa nur die Priester, nicht nur die Ordensleute, sondern jeder Laie, der müsste an seinem Platz, also dort, wo er geht und steht, in seinem Familienreich, in seinem Berufskreis, in den Regionen, in denen er verkehrt, die Kirche, das heißt Christus, gegenwärtig setzen. Es ist also nicht so, als hätten jetzt nur Priester und Ordensleute den Auftrag bekommen, Missionare zu sein. Jeder Laie, jeder Getaufte muss in seiner Art teilnehmen an der großen Missionssendung der Kirche; nicht so sehr dadurch, dass er Streitgespräche vom Zaune reißt, dass er predigt, mit dem Munde durch Worte, sondern durch sein Sein. Er muss Christus, die Kirche darstellen.

Aus: J. Kentenich, Predigt für die deutsche Gemeinde St. Michael in Milwaukee, USA, 15.11.1964.

Kirche am neuesten Zeitenufer

P. Lombardi spricht in seinen Vorträgen und Schriften gern von einer „neuen Welt". Auch dem Hl. Vater ist dieser Ausdruck nicht fremd. Wir sagen dafür: „Das neue Ufer". Dieses Ufer wird wesentlich durch Zeitströmungen mitbestimmt. Die Kirche lebt und wirkt ja nicht im luftleeren Raum. Sie wird von lebendigen Menschen getragen und trägt sie. Und diese werden von der Zeit mitgeformt und haben die Sendung, sie zu formen. Die kommende Zeit hat ein anderes Gesicht als die alte. Sie wird sich wesentlich vom Altertume, vom Mittelalter und der Neuzeit unterscheiden. Es ist eben die neueste Zeit, die sich als eine große, geschlossene Epoche von der Neuzeit lösen und ein originelles, eigenständiges Gebilde darstellen möchte. Ihr Charakteristikum wird das Verhältnis der Menschen zueinander sein.

Bald gibt es keine nennenswerten Entfernungen mehr. Dafür sorgen die neuesten Erfindungen und Verkehrsmittel. Deswegen wird die Einwirkung von Mensch zu Mensch sich anders gestalten als bisher. Zum Unterschied von früher tritt die Masse und Vermassung stärker in Erscheinung und gibt Individuum, Gesellschaft und Gemeinschaft ein stark verwandeltes Gesicht. Die Eigenart unserer Familie besteht darin, dass sie in Organisation und Leben mit einer gewissen Einseitigkeit in die so geartete Zukunft hineinweist, sich von ihr inspirieren lässt und sie in kühnem Griff jetzt schon vorwegnimmt und zu formen und zu gestalten sich bemüht.

Menschen, die nur in Vergangenheit und Gegenwart leben, die nur das alte Ufer kennen, die ausschließlich konservativ eingestellt sind, werden sich deswegen mit der Schönstätter Zukunftsvision und den Mitteln und Wegen zu deren Verwirklichung nur schwerlich auseinanderzusetzen imstande sein. Der politische Kollektivismus jeglicher Art und Färbung rühmt sich, den Zukunftszustand der Welt richtig zu sehen und zu ahnen. Er weist deswegen mit allen Fingern in die Zukunft, er löst sich und seine Gefolgschaft mit einem gewaltigen Ruck aus Vergangenheit und Gegenwart; er sieht seine Größe und sein Verdienst darin, den – nach seiner Auffassung – entwicklungsgeschichtlich absolut notwendig bedingten Ablösungsprozess durch revolutionäre Machenschaften zu beschleunigen. Darum das starke Drängen, die Masse, das Kollektiv zur Herrschaft zu bringen und Elite-Persönlichkeiten und Elite-Gliederungen zur Kapitulation zu zwingen. Niemand darf heute auffallen, darf um Kopfeshöhe über die Masse hinausragen, andernfalls hat er sich bereits selbst gerichtet und muss sich in die Masse zurückdrängen lassen.

Unser Denken und Wollen darf und will die Fühlung mit dem verflossenen Geschichtsstrom niemals abbrechen. Das ist der eine große Unterschied zwischen den modernen kollektivistischen Bestrebungen und uns. Der zweite Unterschied ist schwerer zu erfassen. Auch wir sehen die künftige Entwicklung der Menschheit klar, glauben auch Einblick zu haben in das Endstadium der Entwicklung. Weil Zeitenstimmen für uns Gottesstimmen sind, Zeitenaufgaben als Gottes Wünsche vor uns stehen, antworten wir auf die Zukunftsvision des Kollektivismus mit einem wesentlich anders gearteten Ideal. Wir sprechen von einer „vollkommenen Gemeinschaft auf Grund vollkommener Persönlichkeiten" und möchten beides getragen, bestimmt und durchpulst wissen von der elementaren „Grundkraft der Liebe". Damit bewegen wir uns auf einem Boden, der uns gut bekannt ist, auf dem wir uns heimisch wissen. Es erübrigt sich deshalb, hier länger stehen zu bleiben. Nur eines sei hervorgehoben: die ungeheure Größe, Wucht und Schwierigkeit der so gesehenen und gezeichneten Aufgabe. ...

Weil wir die Zukunft von Welt und Kirche so stark und ständig im Visier haben – ohne allerdings ideen- und lebensmäßig die Fühlung mit Vergangenheit und Gegenwart abzubrechen –, ist es leicht verständlich, dass wir mit solchen kirchlichen Kreisen in Kollision geraten, die zu einseitig retrospektiv orientiert sind, die nur oder fast nur am Vergangenen hängen und nicht fähig sind, das neue Welt-, Gesellschafts-, Kirchen- und Menschenbild in ihren Gesichts- und Interessenkreis aufzunehmen. Das dadurch bedingte mehrfache Spannungsverhältnis zu den beiden Kreisen – zu den kirchlichen und außerkirchlichen – hat sich bisher als wirksames und schöpferisches Prinzip ausgewiesen. Möge es immer so bleiben!

Aus: J. Kentenich, Brief-Studie an Joseph Schmitz, 1952.

Marianische Kirche
und Mutter der Kirche

Die Gottesmutter ist schlechthin
das Inbild der Kirche,
Gleichbild der Kirche.
Ein gleiches Bild
hüben und drüben:
Mutter und Mutter,
innerlich miteinander verbunden,
wo es sich um die Funktion
und wo es sich um
die Fruchtbarkeit handelt.

Das zentrale dogmatische Dokument des Konzils über die Kirche, Lumen Gentium, spricht in seinem achten Kapitel ausführlich über die Gottesmutter Maria. In ihr sieht die Kirche ihr eigenes Wesen am vollkommensten verkörpert. An ihr will sie Maß nehmen und bekennt sich zu ihrer fortdauernden Mutterschaft in der Gnadenökonomie (LG 62). Ihre eigene mütterliche Rolle sieht die Kirche in der Parallele zur Mutterschaft Marias (LG 64). Maria ist Urbild (Typus) der Kirche und die Kirche ist ihr Nachbild. Es entspricht also ganz dem Denken des Konzils, dass die Kirche in ihrem Wesen marianisch ist und die erneuerte Kirche eine marianische Kirche sein soll.

Dieser Mutter hat Papst Paul VI. während des Konzils die Hirten und die Gläubigen anvertraut, indem er ihr den Titel „Mutter der Kirche" gab. Diese Mutterfunktion ist unserem Gründer kostbar und wertvoll. Sie ist ihm Unterpfand, dass die erneuerte Kirche zutiefst eine marianische und mütterliche Kirche sein wird.

Er sieht die Sendung der Gottesmutter darin, auch heute Christus neu zu gebären. Sie will Christen formen, durch die Christus neu präsent wird in der modernen Welt.

In Kentenichs Denken steht Maria nicht für eine konservative Variante des Christentums, sondern für einen bleibenden Lebensimpuls. Die Kirche tut gut daran, im Vertrauen und in der Hingabe an Maria den Weg in die Zukunft zu gehen. Dies ist eine Wegweisung des Konzils, die bisweilen übersehen und vergessen wird. Kentenich erinnert an dieses Anliegen des Konzils.

Maria als Glied der Kirche und Mutter der Kirche

Wenn wir nun auf Einzelheiten eingehen wollen, wenn wir nun forschen wollen: Ja, wie hat denn das Konzil die Stellung der Gottesmutter zur Kirche aufgefasst?, dann müssen wir zunächst kurz registrieren, was wir so ausführlich miteinander besprochen haben. Es hat die Gottesmutter zunächst als originelles Glied der Kirche dargestellt und sodann als Mutter der Kirche.

Als originelles Glied. Wollen wir uns einen Augenblick, wenigstens gedrängt, an wuchtige und wichtige Ausdrücke erinnern, die ungemein stark gefüllt sind, die nach dieser Richtung zielen. Die Gottesmutter ist also ein originelles Glied; ein Glied der Kirche wie wir, steht also auf unserer Ebene, aber ein originelles Glied der Kirche. (Das ist) an sich selbstverständlich. Wenn wir von ihr lernen müssen im Sinne der Kirche, aktiv teilzunehmen an der heiligen Messe, ist das natürlich am wirksamsten möglich, wenn wir überzeugt sind, dass sie auch ein Glied der Kirche wie wir ist, freilich ein originelles, ein einzigartiges.

Die drei Ausdrücke, die uns ja wohl neu waren, die aber doch einigermaßen nunmehr verständlich klingen, lauten: die Gottesmutter erstens das Inbild oder das Gleichbild der Kirche, zweitens die Gottesmutter das Urbild der Kirche, drittens die Gottesmutter das Hochbild der Kirche. ...

Wenn also die Gottesmutter das Inbild, Gleichbild der Kirche ist, dann setzen wir beide gleichsam auf ein und dieselbe Stufe, (auf) eine Linie. Deswegen das bekannte Wort: die „Mutter Kirche" und die „Mutter Maria". Mutter Kirche: die Kirche ist also Mutter, so wie die Gottesmutter Mutter ist.

Es ist also von ganz großer Bedeutung, was das besagen will: die Gottesmutter ist schlechthin das Inbild der Kirche, Gleichbild der Kirche. Ein gleiches Bild hüben und drüben: Mutter und Mutter, innerlich miteinander verbunden, wo es sich um die Funktion und wo es sich um die Fruchtbarkeit handelt.

Dann das Zweite, sie ist aber auch das Urbild der Kirche. Nicht umgekehrt! Die Kirche ist nicht Urbild der Gottesmutter, sondern umgekehrt. Ecclesia imitatur matrem ecclesiae, matrem Mariam. Was heißt das? Die Kirche ahmt nach die Mutterschaft (der Mutter der Kirche), die Mutterschaft der lieben Gottesmutter. Wer ist also das Urbild? Das ist die Gottesmutter, wie wir das dargestellt (haben, und zwar) nicht nur der historischen Abfolge nach, sondern auch der Wertfülle nach. Und dabei haben wir das klassische Wort geprägt: Die Kirche lebt im Heiligen Geist nicht nur von der Fülle Christi, sondern auch von der Fülle der lieben Gottesmutter. Ein sehr gewichtiges Wort.

Die Gottesmutter endlich das Hochbild der Kirche. So hat uns der heilige Augustinus wortwörtlich wieder und wieder gelehrt, wenn er hervorgehoben (hat. Sie ist) das vorzüglichste Glied der Kirche. Wir haben das nachgewiesen an den neuen Selbstformulierungen der Kirche, wie sie sich gesehen hat auf dem Konzil: Kirche als Volk Gottes. (Sie hat) also Abstand genommen von der rein juristischen Auffassung der Kirche, vielmehr ihr innerstes Wesen unter dem Gesichtspunkt „Volk Gottes" (dargestellt). Was ist die Gottesmutter unter dem Volk Gottes? Vorzüglichstes Glied des Volkes Gottes. Wenn wir die Kirche sehen unter dem Gesichtspunkt des Leibes Christi, was ist die Gottesmutter? Das Herz in diesem geheimnisvollen Leib Christi. Wenn wir die Kirche sehen unter dem Gesichtspunkt der Braut Christi – wir spüren, allüberall gilt: Das Konzil (sieht die Kirche) tiefer und tiefer in ihrer Selbstauffassung, und das Bild der Gottesmutter bekommt dann immer eine neue Gestalt, steht aber immer glänzend an erster Stelle.

Und nun, wenn wir nun Letztes sagen wollen, Schönstes, wohl auch Schwerstes, dann meine ich, müssen wir überlegen, was das heißt, die Gottesmutter ist auch die Mutter der Kirche.

Aus: J. Kentenich, Predigt für die deutsche Gemeinde St. Michael in Milwaukee, USA, 27.12.1964.

Maria als Mutter der Kirche

Auch hier darf ich daran erinnern, wie stark man auf dem Konzil gekämpft hat, um zu überlegen, welche Funktion denn die Gottesmutter dieser Kirche gegenüber hat. Manches mal schien es, als wollte man überhaupt keine Mutterfunktion anerkennen; manches Mal schien es, als hätte man den Einebnungsgedanken, den Einheitsgedanken – wir kennen ihn ja: Volk Gottes – so einseitig gesehen, dass die Gottesmutter höchstens aufgefasst wurde, höchstens anerkannt wurde als das vollkommenste Glied des Volkes Gottes. Also von Mutterschaft offenbar kein Sinn, kein Gedanke mehr.

Von hier aus dürfen Sie sich wieder innerlich überzeugt halten, dass es sich hier tatsächlich nicht drehte formell um eine metaphysische Durchschau der Vorgänge; es drehte sich immer um das lebensmäßige Bild, das die Kirche von sich selber trug. Also auch hier beim Marianischen: Wie sieht die Kirche die Mutterfunktion, das heißt, wie sieht die heutige Kirche, wie die Gläubigen, wie die Konzilsväter als Exponenten des heutigen Volkes, des heutigen Kirchenvolkes, wie sehen diese Exponenten die Mutterfunktion der Kirche (gegenüber)? Genau wie vorher die Frage: Wie sehen sie als Exponenten des Kirchenvolkes das Wesen der Kirche, das Bild, die Züge der Kirche?

Die Antwort:

Eine große Unsicherheit, eine große schwere Diskussion. Viele haben gemeint: Nun sind wir daran, das

Marienbild in protestantischer Schau gefärbt zu sehen; nun sind wir auf dem Wege, das Bild der Gottesmutter so zu verzeichnen, dass die neue Kirche überhaupt keine Mutterfunktion kennt und nennt und sich davon abhängig weiß. Mehr und mehr ist aber dann Klarheit ausgebreitet worden. Und hier, meine ich, dürften wir dem Heiligen Vater in hervorragender Weise dankbar sein.

Mehr und mehr klärten sich die Gedanken wohl so: Stellung der Gottesmutter zur Kirche ganz allgemein und Anwendung dieser Kirche auf heute: Gottesmutter ist zweifellos das vollkommenste Glied der Kirche. Das ist wohl allseitig anerkannt worden als Tradition, Erbgut, das die Kirche immer wohl festgehalten, zum Teil auch vom Protestantismus übernommen worden ist.

Ist sie aber auch die Mutter der Kirche? Das heißt: Ist sie Mutter im eigentlichen Sinne und ist sie Muster der Kirche? Mehr und mehr ist die Kirche sich wieder bewusst geworden, dass in ihrem Gefüge auch die alten Auffassungen noch lebendig waren. Die Gottesmutter, das Muster der Kirche, was will das heißen?

Die Gottesmutter, sie ist zwar Mutter der Kirche, aber auch die Kirche ist Mutter. Sie ist also Mutter der Kirche, so wie die Kirche Mutter ist. Und wenn sie Mutter der Kirche ist, dann ist sie eben nicht nur Muster dieser Kirche, sondern auch Mutter mit der Erzeugungsmacht und -gewalt dieser Kirche. Wenn Sie diese drei Gesichtspunkte, (diese) drei Ausdrücke festhalten, dann werden Sie nach vielen Richtungen Klarheit haben, Klarheit bekommen.

Wenn wir nun genauer fragen:

1. Wie sieht denn die Mutterfunktion im eigentlichen Sinne aus?, was antwortet uns dann die Dogmatik? Das ist nicht einmal die Hauptfrage. (Die) Hauptfrage lautet an sich mehr: Wie lebt denn dieser Muttergedanke, die Mutterfunktion in der heutigen Kirche?

Vom dogmatischen Standpunkte aus können wir uns ja an all das erinnern, was wir früher selber über diese Dinge gesagt haben; also erinnern daran: So wie die Gottesmutter Mutter in einem eigentlichen Sinne der einzelnen Gläubigen (ist), so ist sie auch Mutter der Kirche insgesamt.

Hier mögen wir unterscheiden: eine Zeugung der Kirche, eine Geburt der Kirche und eine gewisse Abrundung und Vollendung der Kirche. Lauter Wahrheiten, die heute wieder neu durchforscht, untersucht werden wollen; von denen aber auch überprüft werden will, ob sie nun wirklich so im Bewusstsein der Kinder der Kirche und im Bewusstsein der Kirche leben.

a) Wann ist die Kirche, ja sagen wir: wann erleben wir, wann ist die Kirche erzeugt worden?

(Da) antwortet uns die Dogmatik als eine Analyse dessen, was im katholischen Menschen lebt: in demselben Augenblicke erzeugt, als Christus erzeugt wurde. Danach will und muss man Christus nicht nur sehen als historische Persönlichkeit, sondern auch als mystische Persönlichkeit. Danach (ist) die Gottesmutter nicht nur Mutter des historischen, sondern auch Mutter des mystischen Christus. Ich versage es mir, hier alles zu wiederholen oder neu darzustellen, was die Dogmatik uns seit Jahrhunderten darüber zu sagen weiß. ...

b) Wann wird nunmehr im Empfinden des Volkes und wo und wann hat auch die Dogmatik die Geburt der Kirche festgelegt?

(Im) Augenblicke des Todes. Es ist ja der bekannte Ausspruch: Aus dem Herzen des Gottmenschen ist die Kirche hervorgegangen. Und unter dem Kreuze, da steht die Gottesmutter! Stabat Mater Jesu iuxta crucem. (Sie hat) ihr Ja wiederholt; also auch hier als Mutter sich bewährt (und) mitgeholfen, dass die Geburt der Kirche Wirklichkeit wurde.

c) Und die Abrundung der Kirche, so dass sie in See stoßen konnte, das ist Pfingsten gewesen: Et erant omnes unanimiter cum Maria Matre Jesu perseverantes in oratione. So steht also die Gottesmutter schlechthin da im kirchlichen Empfinden seit eh und je im wahren Sinne des Wortes als die Mutter der Kirche.

2. Und nunmehr: Welche Funktion, welche Funktion hat nun die Gottesmutter gegenüber der Kirche selber?

Das ist dieselbe Mutterfunktion, die sie gegenüber dem Kirchenbild von gestern und ehegestern gehabt. Das ist das Wichtigste, was wir immer wieder festhalten müssen: Das neue Bild will immer gesehen werden im Lichte des Glaubens, aber auch im Lichte der Evolution, will andererseits gesehen werden im Lichte der Dogmatik, im Lichte der Planung Gottes. Das ist und bleibt halt ewiger Plan des ewigen Gottes, dass die Kirche nicht existieren kann, dass auch die heutige Kirche nicht geboren werden, nicht neu erzeugt, nicht vollendet werden kann ohne die Gottesmutter. Denken Sie hier bitte an einen Gedanken, den wir in unserer Familie so häufig kultiviert haben: Wie ist Christus geboren worden, erzeugt worden? (Da) steht eben der große Gedanke vor uns: die Gottesmutter (als) die Christusgebärerin; und deswegen auch die Gebärerin des Christen und letzten Endes die Gebärerin des Corpus Christi Mysticum. Das sagt uns das Credo: der Eingeborene hat Fleisch angenommen aus dem Heiligen Geiste, aus der Jungfrau Maria.

Aus: J. Kentenich, Vortrag zur symbolischen Grundsteinlegung, 8.12.1965.

Maria Mutter der Kirche

Und nun, wenn wir nun Letztes sagen wollen, Schönstes, wohl auch Schwerstes, dann meine ich, müssen wir überlegen, was das heißt, die Gottesmutter ist auch die Mutter der Kirche.

Zunächst im Zusammenhang mit dem Konzil ein paar historische Reminiszenzen. Wenn wir dem Lauf des Konzils einigermaßen gefolgt sind, ist es uns geläufig, bekannt, wie ein Großteil der Konzilsväter in den Bestimmungen über die Kirche zumindest die Formulierung „die Gottesmutter ist die Mutter der Kirche" abgelehnt hat. Grund dafür – wenigstens für diejenigen, die rein methodisch gedacht haben – war die Einfühlung, Anpassung an die Protestanten.

Es war nicht etwa so – wenigstens für viele von denen, die (mit) Nein gestimmt haben –, als wenn sie nicht daran glaubten, dass die Gottesmutter die Mutter der Kirche sei. Es hat deswegen auch sehr Aufsehen erregt, als der Papst in seiner Schlussansprache einfach all diese negativen Stimmen – es waren die meisten – übergangen und mit eigenartiger Feierlichkeit verkündigt hat: Die Gottesmutter ist auch die Mutter der Kirche. Es war keine Definition im eigentlichen Sinne des Wortes, aber wenn wir den Text nachher hören, dann spüren wir, dass das alles mit einer ausgesuchten Feierlichkeit gesagt, geschrieben worden ist.

Es ist der Mühe wert, auf den Text einen Augenblick einzugehen. Nachdem er vorher kurz darauf hingewiesen hatte, wie alt und geläufig dieser Titel ist, Maria die Mutter der Kirche, verkündet er feierlich:

„Zur Ehre der Jungfrau und zu Unserem Troste erklären Wir" – wir spüren sofort den feierlichen Charakter, ähnlich fast einer Definition; aber es ist keine Definition gewesen – also „Zur Ehre der Jungfrau und zu Unserem Trost erklären Wir die heilige Maria zur Mutter der Kirche, das heißt des ganzen Volkes Gottes, der Gläubigen sowohl wie der Hirten, die sie ihre liebevollste Mutter nennen." Es ist so gleich, unsere Sprache, Sprache des echten katholischen Volkes. Wir haben also doch recht behalten, wie das durchweg ist: wo es sich um das Marianische handelt, hat katholisches Volksempfinden bisher immer recht gehabt.

„Und wir möchten, dass mit diesem Titel die Jungfrau von nun an vom ganzen christlichen Volke noch mehr geehrt und angerufen werde."

Also weg mit dieser Diplomatie, weg mit dieser Klugheit! Nichts soll verwischt werden! Wahrheit ist Wahrheit, zentrale Wahrheiten sind zentrale Wahrheiten! Und wenn wir das Wesen der Kirche festhalten, das Wesen der Kirche dem Volk wieder darbieten wollen, damit die Kirche wiederum tragfähig wird, um die Welt zu erobern, dann gehört dazu auch (als) ein wesentliches Stück (die) Gottesmutter als die Mutter der Kirche. Es geht dann weiter:

„Es handelt sich um einen Titel, ehrwürdige Brüder, der in der christlichen Frömmigkeit nicht neu ist; und gerade mit dem Namen Mutter, mehr als mit jedem anderen Namen, pflegen sich ja die Gläubigen und die ganze Kirche an Maria zu wenden."

Deo gratias! müssen wir sagen, damit hat die Kirche sich eigentlich selber wieder gerechtfertigt. Sie dürfen nie übersehen, dass die Kirche im Bild der Gottesmutter sich selber sieht und sich selber schützt. Wenn sie diesen Schutz beiseite schiebt, dann hat sie keinen Schutz mehr für sich selber.

„Dieser Name, Mutter der Kirche, gehört in der Tat zur echten Substanz der Marienfrömmigkeit und findet seine Rechtfertigung eben in ihrer Würde als der Mutter des Wortes Gottes."

Aus: J. Kentenich, Predigt für die deutsche Gemeinde St. Michael in Milwaukee, USA, 27.12.1964.

Durch und durch vom Heiligen Geist regiert

Es sollte eine Kirche sein,
eine Kirche werden,
die durch und durch
vom Heiligen Geiste regiert wird,
also eine Kirche,
die sich nicht so sehr verlässt
auf den Schutz des Staates,
eine Kirche,
die sich nicht so sehr verlässt
auf eigene Gesetze ...
eine Kirche,
die sich vorbehaltlos
dem Geiste Christi,
dem Heiligen Geiste aussetzt.

Die erneuerte Kirche, wie sie Josef Kentenich vor Augen hat, ist durch und durch vom Heiligen Geist regiert. Damit knüpft er an die Erwartung des Papstes Johannes XXIII. an. Dieser wollte dem Wirken des Geistes in der Kirche neu die Fenster öffnen. Er hat in diesem Zusammenhang gern von einem „Neuen Pfingsten" für die Kirche gesprochen.

Kentenich will die Ausrichtung auf den Geist verdeutlicht wissen mit einer neuen Einstellung in der Kirche, die nicht mehr so sehr auf Vorschriften und gesetzliche Absicherungen baut. Er möchte nicht mehr in absichernder Weise auf den Staat setzen, der kirchliche Interessen vertritt und durchsetzen hilft. Er will eine starke Akzentverlagerung weg von rein menschlichem Kalkulieren und ist entschlossen, sich viel stärker zu verlassen auf den „Einbruch des Göttlichen", auf die Kraft aus der Höhe, auf den Geist Gottes.

Diese Einstellung sieht er in der jungen Kirche gegeben und exemplarisch verwirklicht in der Pfingsterzählung der Apostelgeschichte. Im Aufbau seiner geistlichen Familie hat er früh damit begonnen, sich an der Coenaculumssituation der jungen Kirche zu orientieren. Die Erfahrung der Gründungsgeschichte verbürgt ihm die Möglichkeit und Fruchtbarkeit dieser Umorientierung auf den Geist. Die Ereignisse der Familiengeschichte Schönstatts mit ihren konkreten Verdichtungen in den „Meilensteinen" sind ihm Vorerfahrungen des Pfingstgeistes, wie er im Konzil für die Kirche im Großen neu geschenkt wurde. Diese Offenheit für den Geist beginnt im Herzen des einzelnen Menschen.

Auf den Einbruch des Geistes setzen

Es sollte eine Kirche sein, eine Kirche werden, die durch und durch vom Heiligen Geiste regiert wird, also eine Kirche, die sich nicht so sehr verlässt auf den Schutz des Staates, eine Kirche, die sich nicht so sehr verlässt auf eigene Gesetze, Sicherungsgesetze. Nicht, als wenn das alles auf der ganzen Linie beseitigt werden sollte, aber das alles sollte nun in zweiter Instanz erst in Frage kommen; im Mittelpunkte eine Kirche, die vom Heiligen Geist regiert wird, eine Kirche, die sich vorbehaltlos dem Geiste Christi, dem Heiligen Geiste aussetzt.

Lassen Sie mich hier schon darauf aufmerksam machen, dass wir damit einen Punkt berühren, der ja in der ganzen Schönstätter Geschichte, Familiengeschichte, so ungemein stark im Vordergrunde gestanden. Der erste Exerzitienkurs, den wir miteinander gehalten, hat ja ausgemündet und ist im Laufe der verflossenen Monate immer wieder auf die eine große Wahrheit zurückgekommen: Gott (ist) eingebrochen in unsere Familiengeschichte! Einbruch des Göttlichen! Vergessen Sie bitte nicht, dass das große Versprechen – ich weise das nachher nach – das größte Versprechen war, was das Konzil der Kirche und der Welt gegeben. Vertrauen auf den Einbruch des Göttlichen in den Raum der Kirche. Stehen in göttlichem Lichte!

Wir könnten jetzt alles wiederholen, was wir in dem Zusammenhange gesagt. Nicht im menschlichen Lichte! Also starke Zurückbremsung alles Menschlichen, alles Irdischen, ja auch aller Hilfen von Seiten des Staates! Und letzten Endes Stehen in göttlichem Lichte, in der göttlichen Zuversicht, in der göttlichen Kraft, in der göttlichen Sicherheit!

Vergessen Sie bitte nicht, wie stark das Versprechen in der Richtung war, das Johannes XXIII. durch das Konzil der Kirche und der Welt gegeben hat. Ja, wir dürfen sogar gestehen, wenn wir noch einmal zurückschauend auf uns wirken lassen, was geworden, wenn wir uns erinnern an so manche Situationen während des Konzils, – ich meine, Sie müssen dankbarst gestehen, dass es Zeiten, Situationen gab, wo man wirklich konstatieren musste: Der Pfingstsaal hat sich erneuert! Der Heilige Geist ist herabgekommen auf das Konzil und durch das Konzil auf der ganzen Linie auf die neue oder neu zu erneuernde Kirche.

Aus: J. Kentenich, Vortrag vor Priestern, 10.2.1968.

Setzen auf den Geist, nicht auf Gesetze

Sehen Sie, wie sieht das neue Bild, das neue Antlitz der Kirche aus? Das ist ein Antlitz, das immer leuchtet per eminentiam im Glanze Gottes, das mehr und mehr in den Hintergrund treten lässt alle menschlichen Züge. Ich sage – mehr und mehr alle menschlichen Züge. Das ist ein Bild – ja, wie soll ich das weiter ausdrücken und formen? –, das verzichtet auf der einen Seite auf eine Kollektion, endlos gewaltige Kollektion von Vorschriften. Auf der einen Seite Vorschriften, weshalb? Das ist halt eine Kirche, die hauptsächlich – man hat uns das früher einmal gesagt – eine Gesetzeskirche (ist). Wir haben an sich all die Dinge früher mitgemacht, die heute einen gewissen Höhepunkt erreicht haben, – eine ganze Kollektion von Gesetzen, eine ganze Kollektion von Gebräuchen, von Vorschriften, von Übungen! Übungsfrömmigkeit auf Übungsfrömmigkeit!

Sie ahnen natürlich, wie groß jetzo die Gefahr ist, ins Extrem zu geraten. Und darin liegt ja heute die Gefahr: Das Alte schwimmt weg, das Neue ist noch nicht da. Und da vermeinen wir sagen zu dürfen: wir haben nunmehr mehr als 50-jährige Erfahrung. Das ist ja mit ein Grund, weshalb wir immer zurückgreifen und wünschen, dass wir zurückgreifen auf unsere Tradition. Denn was heute gefährdet, was heute neu ist, was heute auf der ganzen Linie mit Gefahren umdräut, das haben wir ja durchschifft, so meinen wir, und zwar mit einer überaus klaren Linie, aber auch mit einem gesunden – so dünkt mich – Gefühl für

Maß. Schon allein der Ausdruck „organisches Denken" – überlegen Sie einmal, was das besagt! Organisches Denken, das immer „Sowohl – als auch", – das was gestern war, ist immer festgehalten.

Freilich, es ist auch ein perspektivisches Denken! Jetzt kämen wir an sich zu wissenschaftlichen Fragen von Bedeutung. Könnte Ihnen das jetzt auch einmal nachweisen, wie wenig verstanden worden ist oder sein mag, was ich nach der Richtung alles gesagt habe, vor allem in der Weihnachtstagung. Da sind alle wesentlichen Punkte der Lösung wenigstens berührt und einigermaßen verständlich gemacht. Wir dürfen heute nicht zufrieden sein mit einigen Eindrücken. Wir müssen schon in die Tiefe graben. Perspektivisches Denken, was heißt das? Das ist immer ganzheitliches Denken. Ich komme gleich darauf noch einmal zu sprechen.

Sehen Sie, deswegen nun im einzelnen, wie sieht an sich die Anpassung aus, oder besser gesagt: Wie sieht die Auffassung der Kirche von sich aus? Allgemeine Linie – halten Sie die bitte fest: Geöffnet sein bis zum Äußersten für das Göttliche, für den Heiligen Geist. Zurückdrängung – aber nur bis zu einem gewissen Grade – von der Überbetonung des Menschlichen, ob es sich dreht um Gesetze, die wir uns selber gegeben, ob es sich dreht um eine ·ganze Kollektion von Vorschriften oder von Übungen, ob es sich dreht um die Abhängigkeit vom Staate! Staat mag Gott weiß wie viele Macht haben, und (es) war durchaus verständlich, dass die Kirche sich mit dem Staat vermählte. Aber wo liegt jetzt der Haken? Und all diese Dinge, die werden nun in den Hintergrund gesenkt. Im Vordergrunde steht immer wieder: Der Herrgott leitet seine Kirche! Oder wollen Sie das einmal anders ausgedrückt haben? Der Heiland hat sich vermählt mit einer sündigen Kirche, und der Heiland hat die Verantwortung übernommen, dass diese sündige Kirche letzten Endes das neue Zeitenufer, das Ewigkeitsufer erreicht.

Merken Sie die starke Umakzentuierung? Da heißt alles hinein ins Göttliche! Nicht weg, total weg vom Menschlichen, – wohl auch! Und das ist die Schwierigkeit, da liegen auch die Haken.

Aus: J. Kentenich, Vortrag vor Priestern, 10.2.1968.

Konzilsgeist als Coenaculumgeist

Nun die Frage: Wie sieht der Konzilsgeist aus? Ich meine, jetzt dürfte ich den zweiten Gedanken dem ersten angliedern und sagen: Konzilsgeist ist letzten Endes Coenaculumgeist, Coenaculumsituation, Coenaculumfruchtbarkeit. Wollen Sie sich daran erinnern, wie der Papst das in ausgesprochener Weise festgehalten: Das Konzil will weiter nichts sein als eine Erneuerung dessen, was ursprünglich im Coenaculum vor sich gegangen.

Coenaculumsituation – et erant omnes unanimiter cum Maria matre Jesu perseverantes in oratione (und alle verharrten einmütig im Gebet, zusammen mit Maria, der Mutter Jesu). So soll sich die neueste Kirche auffassen: Coenaculumsituation verewigen. Was das besagt? Genau das Gegenteil, was heute Wirklichkeit geworden ist: heute Christentum durchweg bis in die äußerste Peripherie gleichsam entglitten. Dem gegenüber Coenaculumsituation: erant omnes ... Was das besagt? Marianischer Geist. Die Frage: Wie sieht der marianische Geist in der heutigen Kirche aus. – Was das besagt? Gebetsgeist. Wie sieht der heutige Gebetsgeist in der Kirche aus? – Das heißt drittens: Familiengeist, Gemeinschaftsgeist. Das ist der dreifache Geist.

Wenn ich jetzt einen Gedankengang, den wir am Anfange unseres Exerzitienkurses hervorheben durften, noch einmal auffrischen darf, dann meine ich hervorheben zu dürfen: Was in der alten Kirche war, will sich jetzt in der neuesten Kirche sinngemäß wiederholen. Also die neueste Zeit für die neueste Kirche will in elementarster Weise getragen werden vom marianischen Geist, vom Gebetsgeist, letzten Endes auch von einem tiefen Gemeinschaftsgeiste.

Es mag uns nicht schwer fallen, den hier beschworenen Geist, die hier beschworene Situation wortwörtlich und buchstäblich auf unsere Familie anzuwenden. Wollen Sie prüfen, ob das nicht wahr ist, wollen wir dem lebendigen Gott nicht dafür dankbar sein, dass der Hl. Geist uns so befreit hat vom peripherischen Denken und zum zentralsten Denken, Lieben und Wollen hinauf- und emporgeführt hat.

Weiter: Was verstehen wir denn unter der Coenaculumsfrucht? Eigentlich müsste ich noch einmal ein wenig stehen bleiben bei der Coenaculumsituation, vor allem, wo es sich um den marianischen Geist handelt. Vergessen Sie nicht, was wir eingangs gesagt, wo es sich um den Anfang der Kirche, also um die erste alte Zeit handelt, musste die Gottesmutter überall ihr Ja sagen. Wir sind auch, wo es sich um die neueste Kirche handelt, doppelt und dreifach darauf angewiesen, – auf dieses Ja der Gottesmutter.

Am Anfang der neuesten Kirche, auf der Höhenlage der neuesten Kirche, im Coenaculum der neuesten Kirche und dorten, wo es sich um die Verteilung der Erlösungsfrüchte handelt. Wollen uns deswegen sagen: Gerade das, was man vielfach bei uns bemängelt, ist an sich die schönste, reifste, reinste Frucht: marianischer Maximalismus. Wir wollen darum auch daran festhalten und den Bogen noch einmal für uns persönlich schlagen zu den anfänglichen Ausführungen.

Coenaculumsfrucht — das ist die Frucht der vollkommenen seelischen Wandlung. An sich müssten wir jetzt uns selber einen Vortrag halten über die Pfingstgnade, über das Pfingstwunder. Mir kommt es nur darauf an, die Zusammenhänge auszuweisen. Sie wollen bitte einmal unterscheiden die Apostel vor der Herabkunft des Heiligen Geistes und die Apostel nach der Herabkunft des Heiligen Geistes. Apostel vor der Herabkunft: was waren das für ich-betonte, ich-versklavte Wesen. Was haben sie gezittert wie Espenlaub, wo es darum ging, den Heiland zu verteidigen, wagemutig sich auf seine Seite zu stellen. Wie waren sie ungehalten, als sie bei Gelegenheit von ihrer Sendung zurückkommen und erklären mussten, man hätte sie nicht gehört, Blitz und Donner wollten sie herabrufen auf alle die Begegnungen, auf alle die Menschen, die ihnen nicht gefolgt. – Und nachher: Was waren sie glücklich, wenn sie misshandelt wurden! Was waren sie glücklich, wenn sie nicht gehört wurden, wenn sie von den Richterstühlen zurückgehen mussten, gegeißelt und hinausgeworfen. Seelische Wandlung.

Mich dünkt, wir hätten jetzt ein Recht, in Anwendung der hier angedeuteten Gedanken auf unsere Familie zu wiederholen: die Bedeutung der drei Wallfahrtsgnaden als Wirkung des Heiligen Geistes. Die Gnade der seelischen Wandlung, die Gnade der seelischen Beheimatung und die Gnade der seelischen Fruchtbarkeit. All das will deswegen erneut in Erinnerung gerufen werden, damit wir uns wieder stärker bewusst werden, dass alles, was an sich nachkonziliar erstrebt wird, uns vorkonziliar bereits geschenkt worden ist.

Das alles will uns darauf aufmerksam machen, von welcher Bedeutung es ist, in der Schule unserer Familiengeschichte zu bleiben.

Damit habe ich bereits den Übergang gefunden. Was also sollen und wollen wir? Erstlich haben wir gesagt: wir müssen uns den Konzilsgeist aneignen. Konzilsgeist ist Coenaculumgeist. Und in welcher Schule wollen wir nun diesen Coenaculumgeist vertiefen? Ich meine, der dritte Gedanke hätte uns nun die Linie gegeben: in der Schule unserer Familiengeschichte. Denn der Geist unserer Familiengeschichte ist in ausgeprägter Weise ja der Coenaculumgeist.

Aus: J. Kentenich, Exerzitien für den Verband der Schönstattpriester in Würzburg, 21.–25.11.1966.

Konzilsgeist ist Pfingstgeist und Schönstattgeist

Wir wollen nicht zufrieden sein, die Konzilsbestimmungen tiefer zu erfassen. Es geht darum, mit den Konzilsbestimmungen sich auch zu bemühen um den Konzilsgeist. Konzilsgeist – das halten wir für selbstverständlich, zumal nachdem wir wissen, wie Johannes XXIII. das aufgefasst – ist für uns Pfingstgeist. Und Pfingstgeist ist im Laufe der Jahre, der Jahrzehnte, für uns zu einem ausgesprochenen Schönstattgeiste geworden. Damit haben wir wohl die Brücke geschlagen. Was wollen wir also praktisch? In der Schule unserer Familiengeschichte den Pfingstgeist nach allen Richtungen hin vertiefen! Wenn wir an die Familiengeschichte denken, dann sind es zwei Momente, die in besonderer Weise berücksichtigt werden wollen:

Ursprung der Familiengeschichte und Sinn der Familiengeschichte.

Ursprung der Familiengeschichte ist unser Liebesbündnis. Es schickt sich also wohl, dass wir unser Liebesbündnis nach allen Richtungen hin neu durchdringen. Um nun nicht bei Einzelheiten zu lange uns aufzuhalten, haben wir uns entschlossen, eine Linie neu zu ziehen, die wir ja wohl des öfteren schon uns haben ziehen lassen. Wir begnügen uns mit einigen tieferen Einschnitten in die Familiengeschichte und sehen dorten bestimmte Meilensteine. Was alle diese Meilensteine miteinander verbindet, das ist der Gedanke: Einbruch des Göttlichen in unsere Familiengeschichte. Und mit diesem Einbruch in die Familiengeschichte auch Durchbruch des Göttlichen und Aufbruch des Göttlichen, von uns aus gesehen. Es ist immer wieder, wenn auch verschieden ausgedrückt, derselbe Lebensvorgang, der als Ideal vor uns steht: Heimischsein in der andern Welt. Archimedischer Punkt, von dem aus wir die Welt, auch die heutige Welt, auch die Schwierigkeiten in der Familiengeschichte, aus den Angeln gehoben: das ist und bleibt das Beheimatetsein in der andern Welt. Nicht so, als wenn das bedeutete: wir verlieren den Boden unter den Füßen. Darin liegt ja das Meisterstück: mit beiden Füßen auf dem Boden bleiben, aber auch mit der ganzen Persönlichkeit hineinragen in eine andere Welt, in eine andere Wertwelt.

Aus: J. Kentenich, Exerzitien für die Schönstatt-Patres, 4.-8.11.1966.

Eine arme Kirche

Also jetzt nicht nur in sich
eine arm-geprägte Kirche,
sondern auch eine Freundin der Armen,
eine Freundin derer,
die nicht zu den Bevorzugten
der kirchlichen,
ja schlechthin
der menschlichen Gesellschaft
gehörten.

Die Vorstellung Kentenichs von der erneuerten Kirche der Zukunft schließt in sich, dass die Kirche Abschied nimmt von allem Pomp und übertriebenem wirtschaftlichem Sicherheitsbedürfnis. Er will eine Kirche, die arm ist und „eine Freundin der Armen". Das ist seine Formulierung, lange bevor man von der Option für die Armen gesprochen hat.

Diese Spur ist im Denken Kentenichs nicht ein modisches Thema der 68er Ära. In der Zeit der Arbeitslosigkeit der Weltwirtschaftskrise 1929 hatte er eine industriepädagogische Tagung gehalten, in der es ihm darum ging, Priester und Lehrer/innen zu sensibilisieren für die Situation aufgezwungener Armut der Leute ohne Arbeit und ohne das Notwendige zum Leben. Früh hat er begonnen, in seinen Gemeinschaften einen Sinn für den „Geist der Armut" zu wecken und so dem Ideal einer freiwillig armen Kirche vorgearbeitet. Über die Jahre konnte er Hunderte und Tausende motivieren, den evangelischen Rat der Armut neu zu entdecken und auch mitten in weltlichen Berufen zu leben.

Griffsicher analysiert er im Bild von der „sesshaften Kirche" ein überzogenes Bedürfnis wirtschaftlicher und juristischer Sicherung. Wo solche Sesshaftigkeit sich als Mentalität ausprägt und alles durchdringt, beginnt auch die Art des Glaubens sich zu verändern, bis dahin, dass der Glaube seinen ursprünglichen Wagnischarakter verliert. Es lohnt sich sehr, diese hellsichtige Analyse auf sich wirken zu lassen. Sie wirft Licht auch auf die heutige kirchliche Situation in unserem Land.

Das Gegenbild der „sesshaften Kirche" stellt er uns vor Augen im Bild der „pilgernden Kirche", die sich auf den Weg macht zu den Menschen und sich auf das Wagnis des Glaubens einlässt.

Arm und Freundin der Armen

Dann zweitens: Was hat das Konzil versprochen? Nun, das haben wir alle ja noch in guter Erinnerung und hören es heute noch bisweilen oder lesen es in der Literatur: Das Konzil wollte eine erneuerte Kirche, die das Charakteristikum verdiente: eine *arme Kirche*. Arm für sich. Wollte also entsagen einem Pomp, der in der Zeit der Renaissance, der in der nachkonstantinischen Zeit auf der ganzen Linie gang und gäbe war. Also jetzt nicht nur in sich eine arm-geprägte Kirche, sondern auch eine Freundin der Armen, eine Freundin derer, die halt nicht zu den Bevorzugten der kirchlichen, ja schlechthin der menschlichen Gesellschaft gehörten.

Aus: J. Kentenich, Ansprache an die Michaelsprovinz des Priesterverbandes in der Marienau, 17.2.1968.

Von der sesshaften zur pilgernden Kirche

Vor allem meine ich jetzt Gewicht legen zu müssen auf die Betonung des Wortes „pilgernde Kirche" im Gegensatz zur „sesshaften Kirche". Wir kommen durchweg, zumal die ältere Generation, aus einer sesshaften Kirche. Allerdings aus einer sesshaften Kirche, die auch besondere charakteristische Merkmale an der Stirne trägt: Eine sesshafte Kirche möchte sich zunächst juristisch selber bejahen und abgrenzen. Das geht ja nicht, es darf in einer sesshaften Kirche nicht alles in Bewegung sein. Es darf aber auch nicht alles starr sein in einer sesshaften Kirche. Deshalb das Bedürfnis juristischer Formulierungen und juristischer Abgrenzungen. Durchaus zurecht bestehend. Aber hier die Gefahr, der wir dann leicht in einer sesshaften Kirche erliegen: dass wir uns dann zufrieden fühlen, wenn wir alle Gesetze bejaht haben. Die Gefahr des Pharisäertums, die Gefahr eines innerlichen und äußerlichen Formalismus.

Wiederum: Eine sesshafte Kirche möchte auch eine gewisse wirtschaftliche Sicherung haben. Deswegen die Sicherung durch Feststellung der wirtschaftlichen Verhältnisse. Alles zurecht bestehend. Aber worin liegt die Gefahr? Dass wir uns nach allen Richtungen hin neu sichern. Der Charakter der Sesshaftigkeit umgreift dann das ganze Sein des Katholiken, der in dieser sesshaften Kirche zuhause ist, wie auch das gesamte Sein der Kirche selber.

Darüber hinaus die Gefahr – und das halte ich für das Allerwichtigste –, dass in der sesshaften Kirche der Wagemutcharakter, der Wagnischarakter des Glaubens vollständig nivelliert wird und zugrunde geht. Sicher, wenn wir hier wieder typisiert deuten wollen, dann haben wir folgenden Lebensvorgang:

Es soll uns hier auf Erden in der sesshaften Kirche gut gehen. Alle Vorteile, wohl auch alle Grenzen der Sesshaftigkeit sind damit gegeben. Aber weil die Kirche uns auch vorbereitet für das Glück in der anderen Welt, liegt es sehr nahe, die Konsequenz zu ziehen: Ja, wir wollen es gut haben hier auf Erden, gesetzlich geschützt sein mit unseren Rechten, wirtschaftlich alles zur Verfügung haben, was wir brauchen, aber wir wollen es auch gut im Himmel haben. Und wenn wir es dort oben auch gut haben wollen, und wenn dann als Bedingung zu glauben verlangt wird, warum soll ich nicht den Glauben aufbringen? Das kostet mich ja nicht viel, es geht mir ja gut. Sehen Sie deswegen, der Glaube bekommt eine eigenartige Prägung; was ihm genommen wird, ist der Wagnischarakter. Und das ist mit das Schlimmste.

Wagnischarakter – selbstverständlich: wenn es sich um eine ständig in Bewegung sich befindende Kirche handelt, die auch auf den Stürmen des Meeres wie eine Flotte, wie ein Schiff sich hin und her schleudern lässt, dann geht das nicht ohne Wagnis. Und mich dünkt, auf die Frage, woher es kommt, dass heute vielfach unser Glaube schwach und schwindsüchtig geworden, sei wenigstens als eine Antwort registriert:

das ist das Schicksalhafte des Glaubens in einer sesshaften Kirche. Dass der Glaube an sich einen Wagnischarakter verlangt, das lässt sich aus den verschiedensten Quellen erweisen.

Aus: J. Kentenich, Exerzitien für den Verband der Schönstattpriester in Würzburg, 21.-25.11.1966.

Die Gefährdung der sesshaften Kirche

Wenn wir nun den Ausdruck „pilgernde Kirche" noch einmal neu füllen wollen, zum Unterschiede und im Gegensatz zu den früheren Auffassungen, die wir nicht abschaffen wollen, nur ein bisschen ergänzen wollen, dann müssten wir so sagen: Das Gegenstück zur pilgernden Kirche ist die sesshafte Kirche. Eine sesshafte Kirche – ja eine Kirche, die festsitzt. Eine sesshafte Kirche – eine Kirche, die vergessen hat oder verlernt hat im großen und ganzen, sich zu bewegen, einen Siegeszug, einen Kampfeszug zu beginnen. Eine sieghafte Kirche. Und die Eigenart der sesshaften Kirche (und) alle (ihre) Eigenarten, so dünkt uns, sind nun tatsächlich auch in der Kirche, wie sie vorher war, Wirklichkeit geworden.

Eine sesshafte Kirche, die ist zunächst bis zum äußersten juristisch eingestellt. Sie will die Sesshaftigkeit nicht gestört wissen, weder von innen noch von außen gestört wissen. Deswegen juristisch, juristisch das und das und das und das und das bestimmt. Und die ganze Größe besteht in der sesshaften Kirche darin, dass man an diese juristischen Bestimmungen sich sklavisch hält. Natürlich, jetzt darf ich nicht sagen: Sesshafte Kirche abgelöst durch die pilgernde Kirche, also es gibt keine juristischen Bindungen mehr! Auf all die Dinge haben wir ja bereits schon eine Antwort gegeben.

Wir können nicht existieren, auch als Gemeinschaft nicht existieren, wenn keine Bindungen und keine Gesetze da sind. Also auch hier immer wieder die

Mitte finden! Immer darauf achten: es geht nur um Akzentverschiebungen!

Also noch einmal: Die sesshafte Kirche, die hat ihre Existenz gesichert durch ein ganzes Heer von gesetzesmäßigen Bestimmungen.

Die sesshafte Kirche, zweitens, ist darauf angewiesen, dass es ihr gut geht, dass sie genug zu essen und zu trinken hat. Natürlich ist das nicht so, als wenn die pilgernde Kirche das nicht auch müsste. Aber hier ist das ein Zentralanliegen. Sesshaft: (da) muss alles bürgerlich fest und gesichert sein!

Gewiss – um das so ein klein wenig zu paraphrasieren – will das Glied der sesshaften Kirche es nicht nur hier auf Erden (gut) haben, sondern auch oben im Himmel! Und wenn das nun schon einmal wahr ist, was die Kirche sagt von der himmlischen Seligkeit und wenn ich dann auch in diese neue sesshafte Kirche einmal als Bürger hineinkommen will, dann ist es selbstverständlich, dann höre ich, was verlangt wird, und versuche dann mit Ach und Krach das auch zu tun. Aber nur ja, nur ja darf mich das nicht erschüttern, das darf mich nicht unruhig machen: ich will es gut hier auf Erden haben in der hier sesshaften Kirche und möchte es auch gut oben im Himmel in der sesshaften Kirche haben. Verstehen Sie, was damit gesagt wird? Jeglicher Wagemut ist dann am Ersterben!

Ich will das noch schroffer formulieren, noch klarer hervorheben, dann meine ich, sagen zu müssen: In der sesshaften Kirche muss der Glaube auf die Dauer schwindsüchtig werden. Der echte, übernatürliche Glaube muss schwindsüchtig werden. Aus welchem Grunde? Weil das Leben – darf ich jetzt sagen – das verbürgerlichte Leben, auch das religiös verbürgerlichte Leben? – Sie können jetzt mit Ausdrücken spielen, es geht ja nur darum, in etwa den ganzen Lebensvorgang richtig zu treffen. In einem derart verbürgerlichten Leben muss der Glaube einen Wesenszug verlieren: seinen Wagemut! Ich wage ja nichts! Ich wage ja nicht zu verzichten, etwa auf dieses oder jenes bürgerliche Gut, wenn der Glaube, der Geist Gottes das oder jenes verlangt. Ich wage ja nicht, den Geist des Christentums zu leben; (ich) bin froh, wenn ich die juristischen Bindungen mit Ach und Krach festgehalten habe. Ich wage nichts!

Wenn wir also heute uns beklagen, weil auf der ganzen Linie vielfach der Glaube schwindsüchtig geworden oder am Werden ist, und wenn wir nach Gründen suchen, hier haben wir einen bedeutungsvollen Grund: Der Glaube, den wir seit Jahrhunderten gepflegt, das war ein falscher, ein schwindsüchtiger Glaube, der sich der Wagnisse auf der ganzen Linie entwöhnt hat.

Aus: J. Kentenich, Exerzitien für die Schönstatt–Patres, 4.-8.11.1966.

Eine demütige Kirche

Wie soll die Kirche aussehen
im Gegensatz zu der Kirche
von gestern?
Eine durch und durch demütige Kirche.
Eine sündige Kirche.
Das heißt: eine Kirche,
die ihre Sündhaftigkeit bekennt;
eine Kirche, die auch frei und offen
um Entschuldigung
und Verzeihung bittet
ob all der Sünden,
die sie im Laufe der Jahrtausende
begangen hat.

Der notwendige Gestaltwandel der Kirche gewinnt eine eigenartige Tiefendimension in der Sehnsucht nach einer zutiefst demütigen Kirche. Hier geht es um die innere grundlegende Einstellung, die einen tiefergehenden Wandel überhaupt erst ermöglicht. Es gab ein Selbstbild, eine Sicht der Kirche von sich selbst, das so sehr bestimmt war von Heiligkeit und geradezu von Unsündlichkeit, dass eine Umkehr oder Änderung im Ernst nicht notwendig erscheinen konnte. Es gab eine verallgemeinerte und überzogene Sicht von Unfehlbarkeit, die eigentlich keine Korrektur zulassen kann. Dieser überzogene Nimbus von „Unfehlbarkeit" musste in seinem Anspruch aufgebrochen werden, bis in die kirchliche Verwaltung hinein immer alles richtig gemacht zu haben.

Ohne Demut wird die Kirche sich nicht darauf verstehen können, eine „Ecclesia semper reformanda" zu sein. Ohne die innere Einstellung der Demut werden Veränderungen der Kirche nur abgetrotzt und aufgezwungen, aber nicht in einer neuen Freude und Lebendigkeit gewollt und angegangen.

Die Hoffnung auf eine demütige Kirche verdichtet sich bei Josef Kentenich in der Erwartung, dass sie um Vergebung bitten kann. Im Konzil hat dies Papst Paul VI. im Blick auf die Spaltung gegenüber der Ostkirche getan. In viel umfassenderer Weise und nicht ohne Widerstände und größte Befürchtungen aus seiner Umgebung hat Papst Johannes Paul II. dies an der Schwelle zum dritten Jahrtausend in beeindruckender Weise vollzogen. Es war ein wichtiger Schritt aus dem Geist des Konzils, der weit über die Kirche hinaus wahrgenommen wurde. Der moderne Mensch hat einen Sinn für Echtheit und Wahrhaftigkeit und erwartet solches gerade von der Kirche.

Eine durch und durch demütige Kirche

Weiter, noch einmal: Wie soll die Kirche aussehen im Gegensatz zu der Kirche von gestern? Eine durch und durch demütige Kirche. Eine sündige Kirche. Das heißt: eine Kirche, die ihre Sündhaftigkeit bekennt; eine Kirche, die auch frei und offen um Entschuldigung und Verzeihung bittet ob all der Sünden, die sie im Laufe der Jahrtausende begangen hat. Sie spüren schon, (das ist) ein anderes Bild. Sie spüren schon: das sind andere Züge. Und welcher Art werden diese anderen Züge nun im einzelnen sein morgen und übermorgen? Das ist natürlich leicht, schnell ein Bild nachzuzeichnen; nicht so leicht ist es, dieses Bild zu verwirklichen.

Aus: J. Kentenich, Ansprache an die Michaelsprovinz des Priesterverbandes in der Marienau, 17.2.1968.

Eine Kirche,
die um Vergebung bitten kann

Es geht hier tatsächlich um eine ganzheitliche Wende. Ja, wem müssen wir uns nun anpassen? Ich sage: an erster Stelle der kirchlichen Auffassung. Kirchliche Auffassung – gemeint der Selbstauffassung der Kirche, wie sie durch das Konzil und durch nachkonziliare Bestrebungen zum Ausdrucke kommt.

Auffassung der Kirche von ihrer Unfehlbarkeit und ihrer Unsündlichkeit! Ja, wie hat die Kirche von gestern ihre Unfehlbarkeit aufgefasst? Wie hat die Kirche von gestern ihre Unsündlichkeit aufgefasst? Jetzt müssten wir an sich studieren, überlegen, eigene Erfahrungen, Beobachtungen zu Rate ziehen, in alte Bücher uns hinein vertiefen. Aber es genügt, zumal wenn wir, die wir älter sind, an unsere eigene Jugend uns erinnern. War das denn nicht so, gewiss, theoretisch, theologisch exakt hat man wohl gesagt, wann der Papst unfehlbar sei – aber war das denn nicht doch praktisch so, dass alle Äußerungen des kirchlichen Amtes in Bausch und Bogen vom normalen Katholiken als absolut bindend, so etwas als unfehlbar aufgefasst wurden? Nun müssen Sie tasten, das ist ja alles nur ein Suchen und ein Versuchen.

Und mit der Unsündlichkeit, ja, das hat man wohl immer gesagt. Denken Sie nur an den alten Beweis, den wir früher auch alle wohl gelernt haben: Einer der tragfähigsten Beweise für die Göttlichkeit des Christentums – was ist das? Die Schwäche der Hirten, die

Schwäche der Hierarchie. Was ist aber hier gemeint? Persönliche Schuld! Aber zugegeben, dass die Kirche auch in sündiger Weise gefehlt durch Bestimmungen, die sie erlassen, – wer hat gewagt, so etwas zu sagen, so etwas zu denken! Sicher, im Hintergrunde hat man sich damit auseinandergesetzt, aber die allgemeine Meinung: Kirche ist im wesentlichen „unfehlbar". Jetzt müssen Sie „unfehlbar" in Anführungszeichen setzen! Deswegen auch: was sie bestimmt, das ist zweifellos richtig. An Sünde in Bestimmungen ist nicht zu denken. Der einzelne Mensch, der mag gesündigt haben.

Und jetzo – ich meine, jetzt sollte ich ein wenig stehen bleiben bei dem Ausdruck der Unfehlbarkeit. Es war vor ein paar Tagen, (da) war unsere Schwester Miriam zum Professor Haag eingeladen nach Trier. (Er) habe ihr Buch gelesen über unsere Pädagogik, war sehr interessiert an allem, und (sie) haben dann ein langes Gespräch gehabt miteinander. Unter anderem meinte er, wir haben alle in der Kirche eine ganz falsche Auffassung von Unfehlbarkeit. Ja, wie sieht denn die neue Auffassung von Unfehlbarkeit aus? Muss schon sagen, die hat sich nicht durchgesetzt, ist aber daran, sich durchzusetzen. Hängt aber alles zusammen – das müssen Sie immer festhalten – mit der totalen Abhängigkeit vom Heiligen Geist. Hier tritt immer in den Hintergrund mehr und mehr das Menschliche, auch selbst das Menschliche bei der Regierung der Hierarchie, auch das Menschliche, das Sündhafte auch in Bestimmungen.

Wissen Sie, was die Bestimmungen angeht, ich erinnere mich gut, wie eine von den Unseren, eine von unseren Schwestern bei dem Privatsekretär von Ottaviani einmal geltend machte, es hätte die Kirche mir doch schrecklich unrecht getan, wäre doch endlich am Platze, dass das wieder gutgemacht würde. Antwort: Das tut die Kirche nicht! Was tut die? Die tut nachher, als wenn nichts gewesen wäre. Verstehen Sie, das sind ja Dinge – wenn Sie jetzt zurückschauen (und denken) an all das, auch was man etwa sagt von Zwingli, wie man die alle behandelt hat! Nun ist ja an sich offiziell ein Akt der Sühne geleistet durch den Papst, also wo er Sühne leistet, zugestanden, was die Kirche selber gefehlt hätte!

Sehen Sie, noch einmal: Was versteht man heute noch nicht? Was ist also neu am Werden unter dem besagten Gesichtspunkte unter Unfehlbarkeit? Für unseren Zweck darf ich unterscheiden: Unfehlbarkeit im weiteren Sinne des Wortes und Unfehlbarkeit im engeren und engsten Sinne des Wortes. Im engsten Sinne des Wortes, – nun, da gilt das, was wir alle ja wissen: Papst unfehlbar, wenn, wenn, wenn, wenn … Ich meine, das brauche ich ja nicht hervorzuheben.

Aber im weiteren Sinne des Wortes, was wir uns da vergegenwärtigen müssen? Eigentlich das, was ich eben schon gesagt habe: Der Heiland hat sich mit seiner sündigen Braut vermählt, und der Heiland sorgt unfehlbar dafür, dass diese sündige Braut ihr Ziel erreicht; sorgt dafür, dass wir ihn in der Kirche finden und von der Kirche uns alles in ausnehmender Weise schenken lassen, was für unser ewiges Seelenheil vorbereitet und gedacht ist. Verstehen Sie, um was es hier geht? Was ist hier eingegliedert? Alle Menschlichkeit im Raume der Kirche. Der Geist Gottes, der Geist Christ wird dafür sorgen, dass all das letzten Endes uns zur Heilsgeschichte wird.

Jetzt müsste ich eigentlich wieder zurückgreifen zu dem, was wir so sehr gedrängt in der Weihnachtstagung gesagt, wo wir unterschieden haben: auf der einen Seite wissenschaftliche Durchforschung und auf der anderen Seite gläubige Hingabe.

Weltgeschichte als Heilsgeschichte, Heilige Schrift Heilsgeschichte! Was heißt das? Geschichte unseres Heils! Der ewige Vater hat seinen Sohn auf die Erde gesandt, damit wir durch ihn erlöst würden und zu ihm, dem Himmelsvater, den Weg wieder finden. Sehen Sie, das ist Unfehlbarkeit im weitesten Sinne des Wortes: Wir werden unfehlbar unser Ziel erreichen auf der ganzen Linie – Lebensgeschichte eine Heilsgeschichte! –, wenn wir uns in Christus dem Dreifaltigen Gott immer wieder neu ausliefern.

Heilsgeschichte! Wenn Sie sich einmal an diese Denkweise gewöhnen, dann werden Sie merken, mit wenig Ausdrücken können Sie alles wiedergeben, dürfen aber nicht vermeinen, die wenigen Ausdrücke würde gleich jeder verstehen. Die müssen wir tausende und tausende Male wiederholen.

Jetzt werden Sie vielleicht sagen, vielleicht auch mit Recht: Ist es denn so unfehlbar? Ja, selbstverständlich muss ich auch mitwirken! Aber hier ist die Hauptsache: Wer hat das alles zu tun? Wer? Nicht ich! Wer?

Der lebendige Gott hat das zu tun! Sicher, der braucht mich als Werkzeug. Der mich erschaffen ohne mich, erlöst (mich) aber nicht ohne mich. Sehen Sie, das gibt eine so tiefe Auffassung von Kirche, von der Religion, das ist halt die Auffassung von Unfehlbarkeit, die sich heute mehr und mehr durchsetzt.

Freilich, viele Dinge müssen neu durchdacht werden, viele Dinge neu durchdacht werden auch dorten, wo es sich dreht etwa um die Unfehlbarkeit des Papstes. Und wenn die Kirche als Ganzes etwas tut, was ist dann im einzelnen zu sagen von der Unfehlbarkeit? Für uns mag es genügen, so dünkt es mich, wenn wir den Ausdruck Unfehlbarkeit versuchsweise so zu deuten trachten, wie ich das jetzt dargestellt habe. Verstehen Sie unsere Ausdrücke: Mater perfectam habebit curam! Besagt ja genau dasselbe. Sicher, wir wiederholen das, wir sagen das; aber die ganze Welt, die dahintersteckt! Wer von uns hat es denn je so tief gefasst und erfasst? Deus providebit! Wir können ja so viele Ausdrücke aus der Hirtentasche herausnehmen, besagen uns in alleweg immer wieder dasselbe.

Wenn wir nun weiter überlegen: der Gedanke der Sündigkeit! Das sind ja die beiden Gedanken, die wir in den Vordergrund gestellt haben, die wir neu durchdenken müssten. Ich sage, neu durchdenken! Einer von unseren Herren, der in Münster ist, hat mir heute morgen erzählt, wie sich Rahner drüben gäbe; doziert dort ja. Darstellung: Der hält fest an allen Dogmen, kümmert sich nicht sonderlich um die Begründungen, sondern sucht sie nur verständlich zu machen. An sich eine weise Art! Kirche ist ja in Heilsangelegenheiten, zumal wo regelrechte Definitionen sind, unfehlbar. Was bedeutet das also? Wir müssen nur sehen, dass diese Dinge auch in entsprechender Weise heute neu verstanden werden können. Sei dahingestellt.

Nun ein Wort über die Sündigkeit der Kirche, nicht wahr, Sündigkeit in dem Grade oder in der Art, wie ich das eben dargestellt habe. Wie darf ich das dann darstellen, wie darf ich das dann auffassen? Ich meine, es wäre nicht gewagt zu sagen: Dadurch, dass man praktisch Jahrhunderte lang die Kirche in bekanntem Sinne als unsündig aufgefasst, hätte man der Kirche mehr geschadet, als man es heute tut, wenn man die Sündhaftigkeit der Kirche übertreibt.

Müssen Sie überlegen, ob das stimmt. Eine Reform der Kirche ist natürlich unmöglich, wenn die Kirche sich selber als unsündlich, als unfehlbar – so in dem Sinne, wie ich das eben dargestellt habe – hält.

Darum, wir haben ja ansonsten schon des öfteren gesprochen von den Runzeln der Kirche, auch im ersten Exerzitienkurs dargestellt, wie es Historiker gibt, die vielfach nichts anderes kennen, wenn sie die Kirchengeschichte dozieren, als die Runzeln der Braut Christi. Gegensatz! Gerade weil an sich auf der anderen Seite alles glorifiziert wird, deswegen auf dieser Seite auch auf der ganzen Linie nur die Runzeln und Schwächen. Wir müssen nach der Richtung ehrlich bleiben, auch ehrlich uns selber gegenüber bleiben. Nun hat ja die Kirche im Papst Sühne geleistet. Was wir uns aber im besagten Zusammenhange einprägen sollten und müssten, das ist halt der Gedanke: Die Reformbedürftigkeit der Kirche sollten wir immer im Auge haben und behalten und dann überlegen: Wie können wir die Hindernisse entfernen, damit der Heilige Geist überall das Ruder in die Hand nimmt? Was können wir dafür tun, damit das Wort wahr wird: „Bisher hab' ich am Steuer selbst gesessen ... Lass, Vater, endlich ganz die Kehr mich finden!" Sehen Sie, das sind ja alles Ausdrücke, die das wiedergeben, was die Kirche durch das Konzil en masse will und was die nachkonziliare Kirche auch auf der ganzen Linie zu verwirklichen trachten muss.

Aus: J. Kentenich, Vortrag vor Priestern, 10.2.1968.

Quellennachweis:

Beseelt traditionsgebunden – gelöst von erstarrten Formen

Neues Bild von der Kirche
J. Kentenich, aus: Vortrag zur symbolischen Grundsteinlegung des Rom-Heiligtums, 8.12.1965 (Propheta locutus est, Band I, S. 101-107).

Rückschauend vorwärtsblicken
J. Kentenich, aus: Vortrag vor der Schönstattfamilie, 31.12.1965 (Propheta locutus est, Band II, S. 256-259).

Uridee in sich wandelnden Formen
J. Kentenich, aus: Terziat für Pallottinerpatres in Bellavista/Santiago, Chile, 1951 (ders., Chile-Terziat, S. 79-81, nicht ediert)

Hinein in die Welt
J. Kentenich, aus: Predigt für die deutsche Gemeinde St. Michael in Milwaukee, USA, 8.11.1964 (ders., Aus dem Glauben leben, Bd. 15, Patris-Verlag, Vallendar-Schönstatt, 1988, S. 12)

Brüderlich geeint – hierarchisch gelenkt

Das Band der Brüderlichkeit
J. Kentenich, aus: Vortrag zur symbolischen Grundsteinlegung des Rom-Heiligtums, 8.12.1965 (Propheta locutus est, Band I, S. 104-106).

Brüderlichkeit ohne Väterlichkeit ist widersinnig
J. Kentenich, aus: Exerzitien für Schönstattpriester in der Marienau, 11.-16.12.1966 (7. Vortrag, nicht ediert, S. 56-58).

Hirt und Herde sind Volk Gottes
J. Kentenich, aus: Exerzitien für den Verband der Schönstattpriester in Würzburg, 21.-25.11.1966 (nicht ediert, S. 116-118).

Der Bischof – Vater der Diözese
J. Kentenich, aus: Predigt in Münster, Haus Mariengrund, 26.12.1965 (Propheta locutus est, Band I, S. 175-177).

Seele heutiger und kommender Kultur und Welt

Kirche in der Welt gegenwärtig setzen
J. Kentenich, aus: Predigt für die deutsche Gemeinde St. Michael in Milwaukee, USA, 8.11.1964 (ders., Aus dem Glauben leben, Bd. 15, Patris-Verlag, Vallendar-Schönstatt, 1988, S. 15-19).

Kirche muss Lebensprinzip der heutigen Welt werden
J. Kentenich, aus: Predigt für die deutsche Gemeinde St. Michael in Milwaukee, USA, 15.11.1964 (ders., Aus dem Glauben leben, Bd. 15, Patris-Verlag, Vallendar-Schönstatt, 1988, S. 30-31).

Kirche am neuesten Zeitenufer
J. Kentenich, aus: Brief-Studie an Joseph Schmitz, 1952 (ders., Das Lebensgeheimnis Schönstatts, Bd. 1, Patris-Verlag, Vallendar-Schönstatt, 1971, S. 35-39).

Marianische Kirche und Mutter der Kirche

Maria als Glied der Kirche und Mutter der Kirche
J. Kentenich, aus: Predigt für die deutsche Gemeinde St. Michael in Milwaukee, USA, 27.12.1964 (ders., Aus dem Glauben leben, Bd. 16, Patris-Verlag, Vallendar-Schönstatt, 1991, S. 15-18).

Maria als Mutter der Kirche
J. Kentenich, aus: Vortrag zur symbolischen Grundsteinlegung des Rom-Heiligtums, 8.12.1965 (Propheta locutus est, Band I, S. 108-112).

Maria, Mutter der Kirche
J. Kentenich, aus: Predigt für die deutsche Gemeinde St. Michael in Milwaukee, USA, 27.12.1964 (ders., Aus dem Glauben leben, Bd. 16, Patris-Verlag, Vallendar-Schönstatt, 1991, S.18-20).

Durch und durch vom Heiligen Geist regiert

Auf den Einbruch des Geistes setzen
J. Kentenich, aus: Vortrag vor Priestern, 10.2.1968 (Kirchenbild Pater Kentenichs nach dem Vaticanum II, nicht ediert, S. 5-6).

Setzen auf den Geist, nicht auf Gesetze
J. Kentenich, aus: Vortrag vor Priestern, 10.2.1968 (Kirchenbild Pater Kentenichs nach dem Vaticanum II, nicht ediert, S. 13-15).

Konzilsgeist als Coenaculumgeist
J. Kentenich, aus: Exerzitien für den Verband der Schönstattpriester in Würzburg, 21.-25.11.1966 (nicht ediert, S. 131-133).

Konzilsgeist ist Pfingstgeist und Schönstattgeist
J. Kentenich, aus: Exerzitien für die Schönstatt-Patres, 4.-8.11.1966 (P. Joseph Kentenich an seine Pars motrix. Band 5: Patres-Exerzitien 1966, Schönstatt ²1990, nicht ediert, S. 265-266).

Eine arme Kirche

Arm und Freundin der Armen
J. Kentenich, aus: Ansprache an die Michaelsprovinz des Priesterverbandes in der Marienau, 17.2.1968 (Propheta locutus est, Band XVI, 184).

Von der sesshaften zur pilgernden Kirche
J. Kentenich, aus: Exerzitien für den Verband der Schönstattpriester in Würzburg, 21.-25.11.1966 (nicht ediert, S. 122-123).

Die Gefährdung der sesshaften Kirche
J. Kentenich, aus: Exerzitien für die Schönstatt-Patres, 4.-8.11.1966 (P. Joseph Kentenich an seine Pars motrix. Band 5: Patres-Exerzitien 1966, Schönstatt ²1990, nicht ediert, S. 200-202).

Eine demütige Kirche

Eine durch und durch demütige Kirche
J. Kentenich, aus: Ansprache an die Michaelsprovinz des Priesterverbandes in der Marienau, 17.2.1968 (Propheta locutus est, Band XVI, 187).

Eine Kirche, die um Vergebung bitten kann
J. Kentenich, aus: Vortrag vor Priestern, 10.2.1968 (Kirchenbild Pater Kentenichs nach dem Vaticanum II, nicht ediert, S. 16-21).

Ebenfalls im Patris Verlag erschienen:

Rudolf Ammann, Maria Freitag,
Marie-Luise Langwald, Joachim Schmiedl
Lebensimpuls – Reizworte Joseph Kentenichs für eine dynamischere Kirche

Die Texte gehen aus von einer wichtigen Etappe der Geschichte der Schönstatt-Bewegung, von der Zeit während und nach ihrer kirchlichen Visitation im Jahre 1949. Dabei versuchte Pater Joseph Kentenich wichtige Erfahrungen, die er mit seiner Gründung gemacht hatte, in der kirchlichen Öffentlichkeit zur Debatte zu stellen.
128 S., 6 Ill., kt., ISBN 3-87620-227-2

Herbert King
Gestaltwandel der Kirche

Die Kirche ist in einem ständigen Wandel. Dies wird als Chance begriffen, in der die Kirche tiefer zu sich kommen und ihre Intentionen des Ursprungs in einer neuen Gestalt noch besser ausprägen kann.
82 S., kt., ISBN 3-87620-180-2

Herbert King
Kirche wohin?

Kirchliches Leben und das Erscheinungsbild von Kirche in der Gesellschaft findet sich in einem umfassenden Umschichtungsprozess vor. Aber wohin führt dieser Umgestaltungsprozess? Der Autor legt Grundlagen für ein Konzept von Kirche vor, die sich als „Kirche in Bewegung" erfährt und welthafte Wege zur Heiligkeit anbietet.
47 S., kt., ISBN 3-87620-151-9

Herbert King
Neues Bewusstsein –
Spuren des Gottesgeistes in unserer Zeit

In der Bewusstseins- und Lebensgefühlslage der letzten zwanzig Jahre hat sich im Raum der westlichen Welt manches geändert. Zentrale Worte traten in den Vordergrund: Neues Bewusstsein und Lebensgefühl, Paradigmenwechsel, ganzheitliches Denken und Leben, seelisch-spirituelle Kultur, Mystik, Seele und Spiritualität u.ä. Für viele scheinen es alleinig Themen der New-Age-Bewegung oder von esoterischen Strömungen zu sein. Eigentlich sind es Themen der Kirche. Vorliegendes Buch bringt Praxis und Theorie Joseph Kentenichs im Umgehen mit Zeitenstimmen zur Sprache, wendet sie an und schreibt sie fort.
360 S., kt., ISBN 3-87620-189-6

Herbert King
Seelsorge als Dienst am Leben
aus der Sicht Joseph Kentenichs

Gott in den Regungen der menschlichen Seele zu entdecken und diesen zum Zug zu verhelfen, ist das Ziel dieser Publikation. Sie ist ein Plädoyer für einen Typ von Seelsorge, die vor allem zuhört. Ihre Aufgabe ist es, Raum zu schaffen für den Austausch von religiöser Erfahrung und entsprechende Lebens-Äußerungen sich sozusagen kristallisieren zu lassen und zu begleiten. Dies im individuellen wie im gemeinschaftlichen Bereich. Eine solche Sicht der Seelsorge erfordert geradezu eine kopernikanische Wende.
96 S., kt., ISBN 3-87620-226-4

Karl-Heinz Mengedodt, Gertrud Pollak, Joachim Schmiedl
In seinem Herzen ein Feuer
Joseph Kentenich (1885-1965), eine Bildbiographie

In dieser Biographie ergeben auf überzeugende Weise Bildmaterial, informierende und kommentierende, Texte ein Ganzes, das über das spannungsreiche Leben und Wirken des Gründers der internationalen Schönstatt-Bewegung einen Überblick gibt. Das Buch berichtet von der äußeren und besonders inneren Geschichte eines großen Christen des 20. Jahrhunderts an der Schwelle zum 21. Jahrhundert.
144 S., geb., ISBN 3-87620-213-2

Pollak, Gertrud
Der Aufbruch der Säkularinstitute und ihr theologischer Ort
Historisch-systematische Studien

Das Buch bietet eine erste Zusammenschau und Nachzeichnung des Weges der Säkularinstitute und versucht, die theologisch erwachsenden Fragestellungen und Begründungsversuche zu erheben. Die gebotene grundlegende Information, die Konzentration auf die Hauptelemente und vor allem der Umfang des verarbeiteten Materials sind eine unverzichtbare Hilfe für jede Beschäftigung mit dieser Lebensform und deren Umfeld.
317 S., kt., ISBN 3-87620-123-3

Schmiedl, Joachim
Das Konzil und die Orden –
Krise und Erneuerung des gottgeweihten Lebens

Das Zweite Vatikanische Konzil bedeutet für die Orden und religiösen Gemeinschaften einen wichtigen Einschnitt. Ihr innerkirchlicher Ort wurde theologisch neu bestimmt. Die Beratungen des Konzils zur Ordensfrage, die teilweise einer „Kriminalgeschichte" (Udo Fr. Schmälzle) gleichen, sind in der vorliegenden Untersuchung in den Kontext der großangelegten Reformarbeit des Konzils eingebettet.
645 S., kt., ISBN 3-87620-219-1